해결사 엄마는
사양할게요

한 발자국 뒤에서
아이가 스스로 해내기를
기다려주는 일

해결사 엄마는 사양할게요

상진아 지음

시그니처
SIGNATURE

프롤로그

한 발자국 뒤에서
아이의 실수를 지켜보는 일

부모 상담을 할 때 가장 먼저 살펴보는 것 가운데 하나는 바로 부모가 얼마나 현실성을 가지고 있는가 하는 점이다. 아이의 현재 상태를 파악하지 못하고 현실과 동떨어진 과도한 기대를 하는 부모가 있는가 하면 아이를 과소평가하여 천년만년 '아기'로만 바라보고 독립심을 길러주지 않는 부모도 있다. 지나친 기대는 아이에게 불안감을 안겨주지만 반대로 아이의 능력을 불신하는 부모는 열등감을 심어주어 자신감을 떨어뜨리기 쉽다.

"우리 애는 혼자 내버려 두면 아무것도 못해요. 제가 일일이 다 챙겨줘야 해요."

아홉 살 크리스의 엄마는 아이에게 독립심이 없는 것이

가장 큰 걱정이었다.

"얘는 혼자서 자기 책가방도 하나 못 챙겨요. 제가 매일 밤 자기 전에 책가방을 챙겨줘야지 안 그러면 준비물을 꼭 빠뜨리거든요. 그리고 아침에도 혼자 일어나는 법이 없어서 5분마다 가서 소리를 지르고 흔들어 깨워야 겨우 일어나요."

이런 말을 하는 부모들을 살펴보면 대개 불안감이 많고 완벽주의 성향이 있다. 아이가 잘못할까 봐 불안해하고 실수할까 봐 두려워하며 아이의 잘못과 실수를 곧 나의 잘못과 실수로 받아들인다. 아이가 하는 행동이 성에 차지 않아 내 방식대로 해줘야 직성이 풀리고 그제야 안심한다.

무조건적으로 애지중지하게 키워진 아이는

많은 경우 아이의 행동이 잘못된 것이 아니라 부모의 불안감이 문제다. 아이가 혼자 할 수 있는 것이 없어 하나부터 열까지 모두 해줘야 한다는 크리스 엄마에게 물었다.

"아이가 책가방을 혼자 못 챙기면 어떻게 되죠? 이때 일어날 수 있는 가장 최악의 상황은 무엇인가요?"

"준비물을 빠뜨려서 선생님께 혼이 나거나 수업시간에 필요한 물건이 없으니 공부를 못하겠지요."

"그런 다음에 어떻게 될까요?"

"어떻게 되긴요. 혼나면 안 되잖아요. 준비물이 없어 우리 아이만 혼자 수업시간에 멀뚱멀뚱 앉아 있을 텐데 그걸 어떻게 내버려 둬요. 아이 걱정에 아마 전 하루 종일 아무것도 못할 거예요."

크리스 엄마는 정작 아이 때문이 아니라 자신의 불안감 때문에 매일 밤 아이의 책가방을 대신 챙겨주고 매일 아침마다 아이를 깨우고 있었다.

그러나 이런 일이 반복되면 아이는 엄마 없이는 혼자 책가방을 챙기지 못하고 혼자 일어나지도 못하는 의존적인 아이가 되기 쉽다. 혼자서 자신의 일을 해볼 기회를 박탈당했기 때문이다.

"이리 내놔. 엄마가 해줄게. 네가 뭐 하나 제대로 하는 게 있니?"라는 말을 반복적으로 듣고 자란 아이는 엄마 말대로 '뭐 하나 혼자서는 제대로 하지 못하는' 아이가 된다.

개인심리학의 창시자로 오스트리아의 저명한 정신과 의사이자 심리학자인 알프레드 아들러는 이러한 경우를 가리켜 '애지중지함pampering'이라고 일컬었다. 아이를 위해서 모든 것을 대신 해주는 부모는 아이가 문제에 부딪혔을 때 스스로 해결하는 능력을 박탈함으로써 부모에게 전적으로 의존하도록 가르친다는 것. 그의 이론에 따르면 부모로부터 무조건적으로 애지중지하게 키워진 아이는 스스로 할 줄 아는 것이 없어 결국 열등감을 가진 성인으로 자라난다.

처음부터 완벽하게 잘하는 사람은 없으며 모든 사람은 실수와 잘못을 통해서 배운다. 아이는 시행착오를 겪으며 경험을 쌓는 과정에서 인내심을 배우고 독립심을 터득하며 혼자 할 수 있다는 자신감을 얻는다. 준비물을 빠뜨려 선생님께 혼나보고 수업시간에 필요한 물건이 없어 혼자 멀뚱멀뚱 앉아본 경험을 거친 뒤에야 아이는 비로소 준비의 중요성을 배우고 스스로 준비물을 챙기려는 노력을 하게 되는 것이다.

생각의 방향을 조금만 틀어보자

아이가 독립심 강한 성인으로 자라나길 바란다면 아이가 실수하는 것을 두려워하지 말자. '아이가 스스로 하길 기다리면 시간만 많이 걸리고 답답하니 차라리 내가 대신 해주는 게 낫다'는 생각은 아이를 의존적으로 만드는 지름길이다. 자신의 행동에 따라 결과가 달라진다는 것을 실수를 통해 경험한 아이는 스스로의 행동에 책임을 지며('내가 준비물을 깜빡 잊어서 오늘 수업을 제대로 받지 못했구나') 독립심이 생긴다.

하지만 부모가 대신 해주는 것에 익숙한 아이는 잘못된 결과에 맞닥뜨릴 경우 책임을 회피하고 대신 부모를 탓하며('다 엄마 때문이야! 엄마가 준비물 잘못 챙겨줘서 나만 수업 못 받았잖아') 다른 사람에게 책임을 전가하게 된다.

"넌 왜 이런 것도 혼자 못하니?"라는 말을 듣고 자란 아이는 혼자서 무언가를 해야 할 기회가 와도 부모의 기대치만큼 해낼 자신이 없기 때문에 자신감이 떨어진다. 또한 혼자 힘으로 힘들게 하는 것보다 부모가 대신 금방 해결해주는 것에 익숙하기 때문에 스스로 노력하려는 마음을 잃게 되고 모든 욕구를 부모가 즉시 충족시켜주길 바라게 된다.

시간이 걸리고 답답하더라도 인내심을 가지고 한 발짝 뒤로 물러서서 아이가 혼자 끙끙거리고 실수하는 것을 지켜보자. 아이 대신 해주면 내 마음이 후련해지고 '아이를 위해서 무언가를 해주었다'는 생각에 기분이 좋아질지 모른다. 하지만 이는 어쩌면 내 마음이 편하고자 하는 것이지 아이를 위한 것이라고 할 수 없을지도 모른다.

특히 아이가 "몰라" "아무거나" "엄마 마음대로 해"와 같은 대답을 자주 한다면 부모가 아이보다 앞서서 성급하게 모든 일을 대신 처리해주고 있지는 않은지 뒤돌아볼 필요가 있다.

부모의 방식대로 모든 일을 해줄 경우 아이는 스스로 생각하고 판단할 기회를 박탈당하여 혼자 사고하는 능력이 사라지기 쉽다. 이런 아이들은 어차피 부모가 "쓸데없는 소리 말고 이리 내. 엄마가 해줄게" 하며 받아들이지 않을 거라 짐작하고 아예 자신의 생각을 표현하지 않게 된다.

미국의 유명 심리학자인 필 맥그로 박사는 부모가 아이에게 해주어야 할 가장 중요한 책임으로 '보호protect'와 '준비prepare'를 꼽았다. 험한 세상으로부터 스스로를 보호할 힘과 판단력이 없는 아이를 성인이 될 때까지 안전하게 보호하고 지켜주는 것, 그리고 아이가 성인이 되었을 때 독립적으로 제구실을 하며 혼자 힘으로 살아갈 수 있도록 부모 곁에 있는 동안 미리 준비를 시키는 것이다.

당신은 '해결사 엄마'인가? '안내자 엄마'인가?

해결사 엄마는 아이를 보호하는 의무에만 연연하여 아이가 세상과 맞닥뜨릴 수 있도록 준비시키는 것에는 소홀해진 경우라고 볼 수 있다. 아이 나이에 적절한 책임감을 부여하는 것은 아이의 자율성과 독립성을 기르기 위해 매우 중요하다. "우리 아이는 너무 어려서 아직 아무것도 못해"라는 생각으로 아이의 행동을 무조건 제한하는 것이 아니라, "우리 아이가 지금 이 나이에서 할 수 있는 것이 무엇이 있을까?"라고 생각의 방향을 조금만 틀어보자.

예를 들면 아이 방이 지저분하게 어질러져 있을 때 해결사 엄마는 아이 대신 방을 깨끗이 치워주지만, 안내자 엄마는 청소를 해야 하는 이유를 설명해 주고 스스로 할 수 있는 기회를 먼저 주려고 한다. 아이가 완벽하게 자신의 방을 청소하지는 못하더라도 스스로 청소를 해보는 경험을 할 수는 있다. 아이의 어설픈 청소가 부모의 눈에는 답답해 보이고 도리어 더 어지르는 모양으로 보일 수도 있다. 하지만 이때 "하지 마. 엄마가 할게" 하며 아이 앞으로 달려가는 것이 아니라 "책상을 정리하니까 깨끗해져서 기분이 참 좋다, 그렇지?" 하며 아이의 행동을 지지해 준다면 아이는 그 경험을 통해 조금 더 높아진 자존감을 얻게 된다.

해결사 엄마는 무엇이든지 가장 잘 알고 있는 사람은 부모이기 때문에 모든 일을 아이 대신 부모가 나서서 해결하려 한다. 또한 완벽주의 성향이 있어 어떤 문제에 맞닥뜨렸을 때 아이의 방식이 성에 차지 않아 결국 자신의 방식대로 해결하려고 한다. 아이는 아직 모르는 것이 많기 때문에 무조건 부모가 시키는 대로 해야 한다는 생각도 많다.

"네가 아직 어려서 뭘 몰라서 그래. 엄마가 다 너 잘 되라고 하는 말이지, 너 못되라고 하겠니. 너는 무조건 엄마가 하라는 대로 하면 돼"라는 식으로 강압적인 태도를 보인다. 아이를 위하는 마음이라지만 부모로서 이러한 행동은 아이의 자율성과 독립성을 제한한다. 아이가 스스로 선택할 기회가 거의 없는 이러한 양육방식이 계속 반복될 경우, 아이는 자신의 의견을 표현하지 않거나 모든 문제를 부모가 대신 해결해 주길 바라는 마음을 가지게 된다.

반면 안내자 엄마는 아이가 세상을 경험할 수 있는 기회를 지속적으로 주고, 스스로 액티비티를 선택할 수 있는 자유를 주며 아이가 선택한 것은 충분히 탐구할 기회를 준다. 그 과정에서 혹시 실수를 하더라도 격려·지지해주며 실수를 통해 새로운 것을 깨닫고 더 나은 결정을 할 수 있도록 믿고 기다려준다. 완벽하게 잘 해내는 결과보다는 조금 부족하거나 실수를 하더라도 새로운 것을 시도해 보는 노력 자체만으로도 아이는 값진 경험을 얻게 되고 자존감이 향상된다.

안내자 엄마를 가진 아이는 어리다고 무조건 의견을 무시당하는 것이 아니라 의사표현을 했을 때 부모로부터 존중받기 때문에 자존감이 높다. 잘했을 때만 칭찬과 인정을 받는 것이 아니라 실수를 하더라도 변함없이 부모의 지지와 격려를 받기 때문에 어떤 일을 할 때 목적의식이 뚜렷하고 새롭게 시도하는 것을 두려워하지 않는다. 아이 대신 모든 일을 결정하는 부모에 의해 일방적으로 통제당하는 것이 아니라, 부모와 함께 협력하는 경험을 자주 하면서 스스로 결정을 내리기 때문에 결정 능력 또한 뛰어나다.

부모와 아이가 함께 인생이라는 경기를 펼치는 같은 스포츠 팀이라고 가정해보자. 부모는 아이에게 지시와 명령을 내려 조정하려는 감독이 아니라, 아이가 좋은 경기를 펼치든 넘어지든 상관없이 어떠한 상황에서도 아이를 위해 끊임없는 응원과 열성적인 지지를 보내는 치어리더가 되어야 한다.

아이가 독립심 있는 성인이 되길 바란다면 아이에게 해결사가 아닌 안내자가 되자. 아이에게는 대신 문제를 해결해주거나 답을 주는 해결사가 아닌, 스스로 생각하여 올바른 행동을 하고 좋은 결과에 도달할 수 있도록 옆에서 도와주는 안내자가 필요하다.

2018년 가을의 길목에서
상진아

차례

프롤로그. 한 발자국 뒤에서 아이의 실수를 지켜보는 일 5
'해결사 엄마' vs '안내자 엄마' 체크 리스트. 나는 어떤 엄마일까? 16

1장. 아이에게 친구가 되려 하지 마라

'가족'이라는 오해와 환상 25 • 아이에게 지나치게 관대하게 되면 35 • 부모는 아이의 '보스'여야 한다 38 • 일관성이 최고의 미덕 43 • 서로 다른 말을 하는 어른들 48 • 아이 스스로 더 나은 결정을 내리게 하려면 56 • 복종을 강요받은 아이 vs 협조를 요청받은 아이 60

2장. 상처 주고 싶진 않지만 버릇없는 건 더 싫어

1:7 법칙, 1번 야단칠 때 7번 칭찬하라 65 • 나쁜 것은 행동이지 내 아이가 아니다 69 • 아이에게 '왜'를 강조하게 되면 73 • 상처 주지 않고 벌주는 법, 타임아웃 78 • 아이와 함께 정하는 타임아웃의 규칙 82 • 집 밖에서 문제행동을 할 때 90 • 부모에게 맞고 자란 아이는 94 • 체벌이 아닌 방법이 있다 99

3장. 무조건 사랑하되 칭찬은 조건적으로

아이의 마음을 공감해주는 부모 105 • 부모 마음 속의 '칭찬 상자' 110 • '칭찬중독'에 빠진 아이들 116 • 칭찬이 독이 될 때 122 • 자신감을 키워주는 '격려'의 마법 127 • 혼잣말이라도 함부로 내뱉지 마라 133 • 뇌물은 필요 없다 138

4장. 아이의 자존감을 살려주는 7가지 칭찬의 법칙

법칙 1. 초점은 아이의 성취가 아닌 노력한 과정이다 145 • 법칙 2. 재능보다 노력을 칭찬하라 149 • 법칙 3. 천재, 최고, 완벽이라는 단어는 No! 154 • 법칙 4. 아이가 스스로 뿌듯함을 느끼는가가 더 중요하다 157 • 법칙 5. 참는 아이, 칭찬하지 마라 161 • 법칙 6. '어른스럽다'는 칭찬은 피하자 167 • 법칙 7. 잘못된 칭찬은 불안감을 안겨준다 171

5장. 스스로 깨달아 올바른 행동을 하게 만드는 꾸중의 기술

부정문이 아닌 긍정문으로 177 • 아이가 말을 한 번에 듣지 않는 이유는? 185 • 꾸지람도 때와 장소를 가려라 192 • 말의 내용보다 목소리 톤이 중요하다 196 • 고장 난 레코드 테크닉 202

6장. 이런 아이에게는 이렇게

외동아이 키우기 213 • 이기적인 아이로 키우지 않으려면 219 • 승부욕이 강한 아이 223 • 형제자매에 대해 부정적인 감정을 느낀다면 227 • 감정 표현이 확실한 기질이 강한 아이 235 • 아이가 부모를 시험하려 할 때 239 • 소극적인 아이 246 • 말을 시켜도 입을 잘 열지 않는 아이 252

에필로그. 엄마의 말에는 힘이 있다 259

'해결사 엄마' vs '안내자 엄마' 체크 리스트
나는 어떤 엄마일까?

다음 10가지 문항을 읽고, 그 상황에서 나라면 어떻게 할지 체크해보자. 자신이 선택한 번호를 합산해 점수를 매기면 나는 어떤 유형의 엄마인지 알 수 있다.

1. 아침 식사 자리. 컵에 주스를 따라주려고 하자 아이가 "내가 할래"라며 주스 병을 달라고 한다. 이때 나는 …

① 안 돼. 그러다가 쏟으면 어쩌려고?
② 쏟으면 안 되니까 엄마가 해줄게.
③ 혼자 해보고 싶어서 그러는구나. 엄마가 도와줄게 한번 해볼까?

2. 아이가 숙제를 하는 상황. 아이가 어려워하거나 모르는 문제가 있으면 나는 …

① 이렇게 쉬운 것도 모르면 어떻게 해?
② 어디 봐. 엄마가 푸는 걸 잘 보고 이해해 봐.
③ 네 생각엔 이 답이 왜 정답인 것 같은지 엄마한테 설명해 볼래?

3. 아이가 꼭 가져가야 하는 준비물을 집에서 발견했다.
   이때 드는 생각은 …

   ① 도대체 얘는 왜 항상 이 모양일까.
   ② 빨리 학교에 가져다줘야지.
   ③ 아이가 학교에서 돌아오면 같이 얘기를 해봐야지.

4. 아이가 취침 시간이 되어도 잠자리에 들기 싫어할 때 나는 …

   ① 왜 이렇게 말을 안 들어? 빨리 들어가서 자.
   ② 착한 어린이는 지금 자야 돼. 엄마가 재워줄게.
   ③ 졸리지 않으면 꼭 지금 안 자도 돼. 대신 방에 들어가서 잠 잘 준비를 하자.

5. 아이에게 방 청소를 하라고 시킨 상황.
   아이가 "이걸 내가 왜 해야 돼요?"라고 물으면 나는 …

   ① 무슨 말이 많아. 엄마가 시키면 그냥 해야 되는 거야.
   ② '쟤는 엄마 말은 죽어도 안 들어. 그냥 내가 하고 말지' 하는 생각으로 방 청소를 해준다.
   ③ 청소를 하지 않으면 어떤 결과가 오는지 설명해 주고 아이 스스로 방 청소하길 기다린다.

6. 아이와 함께 장을 보러 갔다. 이때다 하고 뛰어다니는
   아이에게 나는 …

   ① 뛰지 마. 누가 이런 데서 뛰어다니래? 당장 이리 안 와!
   ② 빨리 쇼핑을 마치고 자리를 피한다.
   ③ 아이에게 공공장소에서 뛰어다니면 안 되는 이유를 차근차근
      설명해 준다.

7. 아이가 장난감을 사달라고 조르면 나는 …

   ① 장난감 많은데 뭘 또 사. 안 돼.
   ② 알았어. 징징대지 마. 빨리 하나 골라.
   ③ 용돈으로 장난감을 살 수 있게 돈을 모아보자.

8. 아이가 밥을 먹지 않으려 할 때 나는 …

   ① 빨리 먹어. 안 먹으면 혼나.
   ② 밥 다 먹으면 아이스크림 사줄게.
   ③ 밥 남기지 말고 다 먹자. 먹기 싫으면 밥을 치워줄게.

9. 초등 1학년 아이가 내 지갑에서 돈을 몰래 빼간 것을 알았다면
   나는 …

   ① 당장 아이를 불러서 "네가 도둑이야? 경찰서에 잡혀가고 싶

어?"라고 호통을 친다.
② 모른 척하고 용돈을 더 준다.
③ 무엇 때문에 돈이 필요했는지 차분하게 물어본다.

10. 아이가 매번 똑같은 장난감 하나만 가지고 계속 똑같은 놀이에 집중한다면 나는 …

① "다른 장난감 많은데 왜 그것만 가지고 놀아"라며 아이를 나무란다.
② "이건 이제 그만하고 다른 놀이하자"라며 새로운 놀이를 권해본다.
③ "재밌어서 또 하고 싶은 거구나"라며 아이가 원하는 놀이를 같이 한다.

점수 계산법
3가지 답변 중 본인이 선택한 각 번호를 더해 점수를 낸다.

10~15점 : 통제·억압형 부모
옳고 그름에 대해 이분법적이고 아이의 자율성을 인정하지 않는 당신은 통제·억압형 부모이다. 자녀의 의견을 수렴하기보다는 자신의 틀에 아이를 맞추려 한다. 또한 부모의 지시에 아이가 무조건 복종하길 바라기 때문에, 복종하고 말을 잘 들으면 조건적 애정과 관심을 보인다. 하지만 아이가 말을 듣지 않거나 부정적으로 감정을 표현할 경우 명령, 위협, 체벌을 통해 강압적인 방식으로 아이를 통제한다. 지나친 통제와 억압 대신 아이의 자율성을 인정하는 부모가 되길 권한다.

16~25점 : 해결사형 부모
아이를 대신해 모든 상황에서 문제를 해결해야 직성이 풀리는 해결사형 부모이다. 완벽주의 성향이 있는 당신은 어떤 문제에 맞닥뜨렸을 때 아이의 방식이 성에 차지 않아 내 방식대로 해결하려는 경향이 많다. 모든 것이 아이를 위해서라고 하지만 이러한 행동은 아이의 자율성과 독립성을 제한한다. 아이가 스스로 선택할 기회를 박탈하게 되는 이러한 양육방식이 계속 반복될 경우, 아이는 자신의 의견을 표현하지 않거나 모든 문제를 부모가 대신 해결해 주길 바라는 마음을 가지게 된다. 조금 느리더라도 아이의 속도에 맞추는 부모가 되길 바란다.

26~30점 : 안내자형 부모

자녀의 욕구에 민감하게 반응하고 공감하는 당신은 안내자형 부모이다. 일관적이고 합리적이며 규칙에 대해 충분한 설명을 해주어 자녀가 올바른 행동을 할 수 있도록 효과적으로 통제하는 한편, 잘못을 했을 경우 부정적 행동을 교정할 수 있는 적절한 대안을 제시해 준다. 이 책에 나와 있는 자녀 양육의 여러 방법들을 통해 더욱 자신감 있는 부모가 되길 바란다.

아이에게 친구가 되려 하지 마라

'가족'이라는 오해와 환상

결혼을 하고 가정을 이루기 시작한 사람들은 대부분 행복한 가족의 미래를 상상한다. 그러나 이미 수년간 결혼과 가족의 울타리를 경험해본 선배들은 결혼은 현실이고 인생의 내리막길이며 심지어는 인생의 무덤이라는 등 암울한 충고를 던진다.

그 이유는 가족에 대한 왜곡되고 잘못된 오해와 환상으로 인해 실제 삶에서 수없이 실망을 하게 되기 때문이다. 잘못된 오해와 비현실적인 기대를 가진다면 현실이 버겁고 힘들 수밖에 없다.

우리가 가지고 있는 가족에 관한 오해와 환상을 하나씩 풀어보자.

오해 1.
아이를 낳은 후에는 모두 아이 위주로 해야 한다

"아이와 하루 24시간 붙어 있다 보면 화를 내지 않을 수가 없어요." 이런 말을 하는 부모들을 많이 본다. 그러면 나는 이렇게 답한다. "그럼요. 그건 당연합니다. 우린 인간이니까요."

어른이든 아이든 상관없이 누군가와 하루 종일 붙어있는 것은 쉬운 일이 아니다. 더구나 적절한 휴식 없이 24시간 내내 아이 옆에서 정신적, 육체적으로 계속 에너지를 쓰면서, 평범한 사람들처럼 정상적으로 사고하고 매순간 적절하게 감정을 조절하기란 거의 불가능하다. 정신적으로 지치고 몸이 고단하면 누구나 신경이 날카로워지면서 짜증이 나기 마련이다. 당연히 아이와 하루 종일 붙어있는 것은 부모는 물론 아이에게도 좋지 않다.

아이와 떨어지는 것을 두려워하지 말자. 육아는 많은 에너지를 필요로 하는 일이므로 에너지가 고갈되기 전에 휴식을 하여 재충전해야 한다. 시간제 베이비시터를 고용하거나 가족의 도움을 받자.

혼자 있는 시간은 '애 내팽개치고 쏘다니는' 것이 결코 아니다. 고갈된 에너지를 재충전하기 위해 반드시 필요한 시간이므로 죄책감을 가지지 않아도 된다. 다른 사람에게 아이를 맡기는 것이 불안해서 혹은 남편이 못 미더워서 '내가 붙어 있지 않으면 안 된다'는 생각이 들기 시작하면 육아 스트레스는 점점 쌓이게 된다. 그러다 결국 아이 앞에서 쌓인 감정이 활화산처럼 터지게 되는 것이다. 효과적인 육아를 하려면 우선 자기 자신에게 스스로 휴식을 허용할 수 있어야 한다.

처음 상담을 시작할 때 기본적으로 묻는 질문 중 하나는 가족들의 잠자리에 관한 것이다. 가족 구성원이 각각 집안 어디에서 잠을 자는지 물어보는데, 엄마와 아이가 한 침대에서 같이 자고, 아빠는 혼자 소파에서 자거나, 아이가 할머니와 자기도 하고, 온 가족이 방 한 칸에서 모두 함께 자는 등 가정마다 그 모양새가 각양각색이다.

부모와 아이가 함께 자는 것 자체에는 문제가 없다. 그러나 만약 엄마가 아이와 침대를 쓰면서 아빠는 소파나 다른 방에서 혼자 자고, 혹은 엄마 아빠와 아이들이 한데 엉겨 자는 패턴이 오랫동안 지속된다면 바람직하지 않다.

간혹 "저는 남편 옆에서 자는 것보다 아이와 자는 게 더 편하고 좋은 걸요"라고 말하는 엄마도 있다. 그런데 이 내면에는 남편과의 관계에서 느껴야 할 심리적 안정을 아이로부터 대신 받으려는 마음이 깔려 있을지도 모른다.

아이와 함께 자면 아이에게도 더 좋지 않냐고 묻는 부모들도 있는데, 부모와 아이가 함께 잔다고 해서 애착관계가 더 빨리 혹은 더 건강하게 형성된다는 연구결과는 없다.

물론 아이가 아프거나 악몽을 꾸어 무서워할 때는 부모와 함께 잘 수 있다. 그러나 이런 패턴이 오래 지속된다면 엄마 아빠로 형성되는 부모 자리가 잘못 변형되어 아이가 아빠 자리에 들어와 엄마와 한 그룹을 형성하고 아빠는 자신의 자리를 잃고 외톨이가 되기도 한다.

아이를 혼자 자게 하는 일에 죄책감을 느끼는가? 그 이유는 스스로를 매정한 부모라고 잘못 생각하기 때문이다. 아이가 혼자 자도록 하는 것은 이기적이거나 매정한 행동이 아니다. 오히려 아주 바람직하고 정상적인 행동이기 때문에 죄책감을 가질 필요 없다.

남편의 자리는 남편에게 돌려주고 아이에게는 자신에게 걸맞는 자리를 찾아주어야 한다. 지금이라도 아이에게 엄마와 아빠는 같은 방에서 함께 자야 한다는 것을 가르쳐라.

아이가 생기면 부부의 삶보다는 부모로서만 살기 쉽다. 물론 부모로서의 책임을 저버리고 아이를 방임하며 부부의 삶만 중요시 여기는 것은 문제이다. 그러나 아이와 24시간 붙어서 생활하며 아이와 함께 자며 부부간의 대화는 온통 아이 이야기뿐이라면 더 이상 남편과 아내가 아닌, 아이의 아빠와 엄마로서의 삶만 사는 것이다.

행복한 결혼생활을 위해 정기적으로 부부만의 시간을 보내는 게 꼭 필요하다. 아이에게도 엄마 아빠 단 둘이서만 보내는 시간이 필요하다는 것을 알려주어야 한다. 적어도 일주일에 한 번은 부부가 둘만의 데이트를 하며 '부부로서의 시간'을 보내자.

오해 2.
'잉꼬부부'들은 배우자를 잘 만난 운 좋은 사람들이다

사람들은 자신의 결혼생활에 회의를 느끼면 배우자를 잘못 만났기 때문이라고 말한다. 그러나 그 배우자를 선택한 것은 다른 누구도 아닌, 바로 자기 자신이라는 것을 잊지 말아야 한다. 배우자를 선택하고 한평생 함께 살기로 결심하여 결혼을 했다는 것은 분명 그 사람만의 장점과 매력이 있었기 때문일 것이다. 그런데 많은 시간을 함께 하면서 처음에 상대방에게 이끌렸던 장점은 점점 보이지 않고 대신 단점이 더 많이 눈에 띄기 시작한다.

그렇다면 장점보다 단점을 더 많이 보고 있는 사람은 과연 누구인가. 배우자의 단점보다는 장점을 더 많이 보기 위해, 부부관계를 개선하기 위해 나는 어떤 노력을 하고 있는가?

물론 아무리 노력을 해도 개선될 가능성이 희박한 경우도 있다. 배우자가 가정폭력을 행사하거나 알콜중독이거나 도박을 한다면 혼자 노력으로는 부부관계를 개선할 수 없으며 반드시 전문가의 도움을 받아야 한다.

　많은 사람들이 결혼 전 처음 배우자를 만났을 때는 상대방이 가지고 있는 나와 다른 점에 끌리지만 정작 결혼을 하고 나면 바로 그 점 때문에 문제가 생긴다고 한다. 연애 때는 상대방이 가진 나와 다른 점이 신선하고 매력적으로 느껴지지만 결혼을 해서 같이 살다보면 '저 사람은 나랑 다르게 왜 저러지. 정말 이해가 안 가'라고 생각하게 되는 것이다.

　어떤 부부든지 고비를 겪게 마련이다. 결혼은 서로 다른 모양의 네모인 사람과 세모인 사람이 만나 부딪혀 가며 모서리를 깎아내어 함께 비슷한 모양의 동그라미가 되어가는 것과 같다. 처음부터 완벽한 동그라미로 시작하는 부부는 없다. 그런데 사람들은 금슬이 좋은 부부는 천생연분이며, 그런 배필을 만난 것은 순전히 운이라고 잘못 생각한다.

오해 3.
아이에게 동생이 생기면 서로 평생 의지하며 사이좋게 지낼 것이다

　어느 날 남편이 나에게 이렇게 말한다고 상상해 보자.

　"당신에게 할 말이 있어. 나는 당신을 아주 많이 사랑하지만 앞으로 이 여자도 우리와 같이 살게 될 거야. 이 여자는 당신보다 훨씬 어리고 예뻐. 그런데 혼자서는 아무 것도 못하기 때문에 많이 돌봐줘야 해. 그래서 나는 이 여자에게 많은 시간을 쏟아부을 거고 신경을 많이 써야 할 거야. 당신은 이제 나이도 많고 혼자서 다 할 수 있으니까 내가 필요 없잖아. 이 여자 정말 예쁘지 않아? 이 여자와 같이 살게 되어서 당신도 기쁘지?"

이 말을 들은 당신은 기분이 어떨까?

부모의 사랑과 관심을 혼자 독차지하던 아이에게 어느 날 갑자기 동생이 생겼을 때 아이는 바로 이런 감정을 느낀다고 한다. 이제껏 나 혼자 모든 사랑을 다 받았는데 갑자기 세상에 나타나서 사람들의 관심을 앗아간 동생이 아이 눈에 예쁠 리 만무하다. 특히 아이가 만 5세 이하일 경우에는 그 감정의 정도가 더욱 크다. 취학 연령의 아이들은 학교나 친구들, 선생님 등 가족 이외의 사람들과 관계를 형성하기 시작하지만 만 5세 이하의 어린 아이들은 부모에게 전적으로 의존하며 부모 이외 다른 사람들과 가까운 관계가 형성되지 않았기 때문이다.

그리고 동생들은 태어날 때부터 이미 부모의 관심을 다른 형제자매와 나누는 것에 익숙하지만 첫째 아이는 그동안 그런 경쟁상대가 없었기 때문에 그 당혹감과 질투의 감정이 더욱 강하기 마련이다. 질투는 누구나 느끼는 자연스럽고 당연한 감정이지만 아이들은 이런 감정을 느낄 때 어떻게 대처해야 할지 모르기 때문에 동생을 때리거나 꼬집는 등 문제행동으로 표출하는 경우가 많다.

아이가 질투를 느낀다는 건 한편으로는 부모와의 유대 관계가 그만큼 끈끈하다는 증거이기도 하다. 아이가 부모와의 관계를 중요하게 생각하지 않고 별다른 관심과 사랑을 받아야 할 필요를 느끼지 못한다면 질투심도 생기지 않을 것이기 때문이다.

형제자매는 부모의 사랑과 관심을 함께 나눠야 하는 사이이므로 평생 라이벌 관계일 수밖에 없다. 그러나 라이벌이면서 동시에 최고의 친구이기도 한 관계가 바로 형제자매이다.

낳아주기만 하면 자기들끼리 알아서 사이좋게 지낼 것이라고 생각하는 것은 대단한 착각이다. 단지 라이벌로서 서로를 질투하고 경쟁하며 지낼 것이냐, 아니면 최고의 친구로서 서로 아끼고 챙겨주며 지낼 것이냐는 전적으로 부모에게 달려 있다.

평소에 아이들을 경쟁시키고("누가 더 엄마 말을 잘 듣나 어디 봐야겠다"), 비교하며("넌 왜 형처럼 못하니?"), 강압적 지시를 한다면("동생한테는 무조건 네가 양보해") 아이들은 부모의 관심을 조금이라도 더 많이 받으려고 형이나 누나, 오빠, 언니, 혹은 동생보다 더 잘 해야겠다는 마음이 생기게 되고, 이는 곧 형제자매에게는 경쟁심과 질투심을, 부모에게는 원망과 억울함으로 이어지게 된다. 아이들이 서로 아끼고 의지하며 사이좋게 지내길 바라면서 정작 아이들 앞에서 말과 행동은 반대로 하고 있지는 않은지 부모 자신을 돌아보자.

오해 4.
아이는 부부의 행복지수를 높여 주는 촉매다

아이를 가지면 여러모로 부부는 가까워지게 된다. 그러나 육아는 몸도 마음도 상상 이상으로 고된 일이기에 부부는 항상 지쳐 있다. 둘이서 함께 아이를 키우며 나누는 기쁨이 큰 만큼, 아이로 인해 부부 사이가 심각하게 소원해질 가능성도 크다. 특히 서로 다른 가정환경에서 자란 부부가 각자의 양육방식만을 고집하며 배우자의 의견을 무시하면 다툼이 잦아질 수밖에 없다. 누가 옳고 누가 그른지를 따지기보다는 사람마다 살아온 역사와 경험이 '다름'을 인정하고 존중해야만 양육을 통해 느끼는 행복을 부부가 함께 누릴 수 있을 것이다.

특히 둘 사이에 문제가 있는 부부가 아이를 갖는 것으로 이를 해결하려는 경우는 특히 주의해야 한다. 이는 결코 해결방법이 될 수 없으며, 또 되어서도 안 된다. 당장은 육아로 인해 부부문제에 신경 쓸 시간과 에너지가 없어져서 문제가 사라진 것처럼 보이겠지만, 보이지 않는 곳으로 숨어버린 문제는 한편으로는 더 위험할 수 있다. 부부가 정서적 신뢰를 형성하고 함께 아이를 키울 준비가 되었을 때만이 아이가 부부 사이를 더욱 가깝게 이어주는 존재가 될 수 있음을 알아야 한다.

오해 5.
화목한 집안에는 항상 웃음이 끊이지 않고 행복이 넘친다

인생은 희로애락의 연속이다. 행복하고 기쁜 일에 한없이 좋아하다 보면 어느새 힘들거나 슬픈 일이 생기기 마련이다. 이 세상 어디에도 '항상 행복한 가정'은 존재하지 않는다. 항상 행복하기만을 바란다면 어려운 일이 닥칠 때마다 인생이 내리막으로만 느껴질 것이다.

나를 제외한 주변의 다른 부부들과 가족들이 모두 행복해 보이는가? '저 친구는 아무런 걱정도 없이 행복해 보이는데 난 이게 뭐지' 라는 생각이 든다면 당신은 큰 오해를 하고 있는 셈이다. 어느 가정이나 크든 작든 '문제'를 갖고 있으며 또한 그것이 정상이다. 어려움을 겪는 고민의 분야와 깊이는 다를지라도 누구나 문제를 가지고 산다. 다만 겉으로 드러나지 않을 뿐이다.

가정의 행복은 문제에 어떻게 대처하느냐 즉, 가족이 함께 힘을 합쳐 극복하느냐, 아니면 서로 분열하느냐에 달려 있다.

아이에게
지나치게 관대하게
되면

한 엄마가 레베카라는 이름의 여덟 살짜리 딸을 데리고 찾아왔다. 예쁘게 양 갈래머리를 땋은 그 아이는 내가 엄마와 상담을 하고 있는 동안 두 살 터울의 오빠와 한쪽 구석에서 장난감을 가지고 놀았는데, 이따금씩 까르르 웃음을 터뜨리는 모습이 여느 아이들과 다름없어 보였다.

"예쁜 아이들을 두셨네요"라고 하자 엄마는 쓸쓸한 표정을 지으며 어렵게 말문을 열었다.

"레베카가 걱정이에요. 제 힘으로는 도저히 감당이 안 되거든요. 원하는 걸 들어주지 않으면 욕하는 건 예사고, '입닥쳐'라고 소릴 지르질 않나, 물건을 집어던지고 발로 걷어차기도

해요."

레베카가 집에서만 이런 행동을 하는지, 아니면 학교에서도 문제를 일으키는지 알아보기 위해 엄마의 동의를 얻어 담임선생님에게 전화를 걸었다. 아이가 문제행동을 보여 클리닉에서 상담을 받는 중이라고 하자 선생님은 의외라는 듯 놀란 목소리였다.

"글쎄요. 학교에서는 비교적 행동도 바르고 친구들과도 잘 어울리는 편이에요. 그다지 크게 눈에 띄지 않는 아이고요."

집 안과 집 밖에서 큰 차이가 나는 아이

레베카는 학교와 같은 조직 사회에서는 바른 아이였지만 집에서는 전혀 딴판이었다. 이렇게 아이의 행동이 집 안과 밖에서 큰 차이를 보인다면, 부모가 아이의 언행에 대해 지나치게 관대하게 반응하고 있을 가능성이 크다.

직장인이 상사 앞에서는 모든 예의를 갖추고 화가 나는 일이 있어도 속마음을 드러내지 않고 꾹 참는 이유는 무엇인가. 과격한 행동을 할 경우 상사로부터 질책을 받거나 심하면 해고당할 수도 있다는 것, 즉 상대방이 나의 행동을 받아줄 사람이 아니라는 사실을 알기 때문이다.

그러나 정작 가족 앞에서는 작은 일에도 쉽게 짜증을 내고 화를 내는 태도를 보이는 경우가 있다. 이는 가족에게는 미운 행동을 보이더라도 뒤따라오는 치명적 결과가 없고, 가족이니까 나의 짜증스러운 태도를 받아준다는 이전 경험이 있기 때문이다. 즉 바르게 행동할 능력이 없기 때문이 아니라 상대방이 어디까지 내 행동을 허용할지 이미 머릿속에 파악하고 있어 그 선 안에서 행동하기 때문이다. 부모 앞에서 버릇없는 행동을 보이는 아이도 마찬가지다. 아이도 부모가 자신의 행동을 받아줄 것임을 스스로 알고 딱 그 만큼만 행동한다.

　레베카의 엄마는 혼자서 아이를 키우는 이른바 싱글맘이었다. 아빠 없는 자식들이 상처를 받을까 봐 아이들이 어떤 행동을 해도 잠자코 받아주었다. 아빠의 사랑을 받지 못하는 아이들이 엄마의 사랑만이라도 듬뿍 느끼길 바라며 해달라는 것은 모두 해주었고 아이들이 잘못을 해도 크게 혼내지 않았다. 결국 잘못된 행동을 해도 그에 따르는 처벌이 없음을 경험한 아이는 화가 나면 마음 내키는 대로 행동하게 된 것이다.

부모는
아이의 '보스'여야 한다

구조적 가족치료 이론에서는 건강한 가족은 부모가 리더십을 행사하는 계층적 구도로 형성되어 있다고 설명한다. 즉 부모와 자녀의 관계가 상하 계층을 이루어 부모는 리더가 되어 위에서 아이를 이끌어주고 아이는 밑에서 부모의 뒤를 따르는 형태가 되어야 한다는 것이다.

이때 부모는 반드시 아이에게 '보스'의 위치여야 한다. 이는 부모라는 존재가 아이가 무서워하는 독재자가 되어야 한다는 것을 의미하는 것은 아니다. 다만 아이가 잘했을 때는 칭찬해주고 아이가 잘못했을 때는 야단쳐줄 수 있는 사랑과 통제를 적절히 이행하는 존재가 되어야 한다는 뜻이다.

이것이 극단적인 방향으로만 가서 아이가 잘못했어도 부모가 야단치지 않고 그대로 내버려두어 '엄마는 내가 원하는 건 뭐든지 다 해주는 사람'으로 인식되거나 반대로 아이가 잘했건 잘못했건 간에 무조건 야단만 치고 무섭게 대해 '아빠는 무서운 사람'으로 인식되면 부모는 융통성을 잃어버린 존재가 된다.

사랑과 통제의 적절한 균형

무조건 아이를 허용하는 관대한 부모와 항상 무섭기만 한 권위주의적 부모는 사랑과 통제의 균형을 잃어 아이에게 정신적인 상처를 남긴다.

지나치게 관대한 부모를 둔 아이는 부모에게 감사할 줄 모르고 이기적이며 부모가 항상 아이의 요구대로 맞춰주기 때문에 윗사람에게 무례하기 쉽다. 또한 아이 중심의 가정환경 탓에 가정이 혼란스럽고 무질서하다. 반대로 권위적이고 독재적인 부모 밑에서 자란 아이는 항상 자신의 욕구는 억누르고 부모가 원하는 대로만 행동하기 때문에 마음속에 강한 분노가 자리 잡게 된다. 또한 부모의 강압적인 태도로 인해 공포, 두려움, 불안 등을 느낀 아이는 스스로 독립적인 결정을 하지 못하게 되어 지나치게 의존적인 모습을 보이거나 사춘기에 접어들면서 극심한 반항을 하기도 한다.

"나는 아이에게 친구 같은 부모가 되고 싶다"고 말하는 부모들을 보면 마음에 상처를 가진 사람들이 많다. 대개 한 부모 또는 이혼 가정인 경우 아이에게 정상적인 가정환경을 마련해주지 못했다는 미안함과 죄책감으로 웬만하면 허용하는 경우를 볼 수 있다. 어렸을 때 부모와의 관계가 원만하지 않아서 내 아이에게만은 좋은 부모가 되고 싶다는 생각에 무조건적인 허용을 하게 될 때도 있다.

부모 역할은 부모만 할 수 있다

이러한 부모들은 지나치게 관대하여 아이가 해달라고 하는 것은 조건 없이 모두 해주는 동시에 아이가 자신을 친구처럼 편안하게 여기길 원한다. 그러나 부모는 아이의 친구도 아니고 친구가 될 수도 없으며 친구가 되어서도 안 된다.

아이들은 친구가 필요하면 집 밖에서 얼마든지 만들 수 있지만 부모 역할은 부모만이 할 수 있기 때문이다. 아이에겐 다만 부모가 필요할 뿐이다.

경우에 따라서 부모가 편하고 다정한 friendly 존재로 다가갈 필요는 있다. 하지만 아이에게 친구 friend로서만 여겨지는 부모라면 이미 계층이 허물어져 아이와 부모가 동격이거나 심한 경우 아이가 부모보다 더 높은 위치에 올라 있게 된다.

위치가 역전되어 아이가 부모보다 위에 있는 구도가 형성되면 부모가 아이를 잡아주고 이끌어주는 것이 아니라 아이가 모든 것을 주도하고 부모가 그 뒤를 따르는 모습을 보인다. 아이가 떼를 쓰면 부모가 쩔쩔매면서 아이의 비위를 맞추고 아이가 부모 무서운 줄 모르고 소리 지르고 화를 내며 심한 경우 폭력을 행사하는 단계에까지 이른다.

만약 이런 가정에 입맛이 까다로운 아이가 있다면 다른 가족들이 먹는 음식을 먹지 않으려 하여 엄마가 매 끼니 어른 식사와 아이 식사를 따로 준비하는 번거로움을 피할 수 없게 될 것이다. 이는 아이가 집안의 분위기를 조성하는 '보스'가 되어 주도권을 잡고 부모가 뒤따라오게 하는 구도, 즉 아이가 윗사람의 자리를 차지하고 부모가 밑에서 아이의 모든 말에 따르는 관계가 형성되었기 때문이다.

지나치게 관대한 부모들은 대개 마음이 약하고 여리다. 아이가 잘못된 행동을 할 때 야단치는 것이 마음 아파서 '그냥 내가 참고 말지' 하는 생각으로 넘긴다. 아이를 야단칠 때 느끼는 마음의 고통을 견디지 못하기 때문이다.

그러나 이런 행동은 결코 아이를 위한 것이 아니다. 오히려 부모 자신을 위한 태도인 셈이다. 내 마음 아픈 것을 피하기 위해서 아이의 잘못에 눈을 감는 것이다. 아이를 진정으로 위한다면 부모 마음이 아프더라도 아이가 올바른 사람으로 자라도록 냉철하게 이끌어주어야 한다.

　부모들이 범하기 쉬운 오류 중 한 가지는 아이가 원하는 대로 모두 해주고 아이의 결정에 따라 부모가 움직이는 것이 아이에게 주체성과 독립심을 심어주는 길이라는 생각이다. 그러나 정작 과도한 결정권과 과잉 권한을 부여받고 가정의 주체가 된 아이는 스스로 불안함과 혼란을 느끼고 이러한 심리는 결국 문제행동으로 표출된다.

　아이는 부모가 체계적인 규칙을 정해주고 이를 지키고 따르도록 이끌어줄 때 비로소 정서적으로 안정을 느낀다. 아이에게 친구가 아닌, 다정한 부모가 되자.

일관성이 최고의 미덕

아이를 키우는 양육자가 여러 명일 경우 가장 중요한 것은 바로 양육자들이 한 팀이 되어 같은 목소리를 내는 것이다. 즉 양육자들이 모두 일관성 있게 같은 메시지를 아이에게 전달하는 것이다. 똑같은 행동을 했는데도 아이가 어떤 경우에는 칭찬을 받고 어떤 경우에는 혼이 난다거나, '부모의 기분에 따라서' 칭찬을 받을 때도 있고 그렇지 않을 때도 있거나, 아니면 엄마는 야단치는데 아빠는 아이를 두둔하며 감싼다거나, 또는 꾸중을 받을 일도 어떤 때는 호되게 야단을 맞지만 또 어떤 때는 아무 일 없이 넘어가게 되면 아이는 양육자의 일관성 없는 행동으로 인해 혼란을 느끼게 된다.

따라서 아이의 어떤 행동은 용납이 되고 어떤 행동은 용납이 안 되는지 양육자와 아이 모두 정확히 알아야 한다.

부모는 하나의 팀이다

부모는 아이를 공동으로 키우는 하나의 팀, 즉 파트너십을 공유하여 일관성 있는 양육태도를 보여야 한다. 아이에게 일관성 있는 태도를 보여야 한다는 것은 부부가 모든 면에서 똑같은 생각을 해야 한다는 뜻이 아니다. 서로 다른 환경과 부모 밑에서 자란 부부가 아이 양육법에 대해 서로 다른 생각을 가지는 것은 당연하다.

절대 용납할 수 없는 아이의 행동이 어떤 것인지 부부가 각각 목록을 작성한 뒤, 서로 보여주고 비교하면서 아이가 반드시 지켜야 할 하나의 통일된 행동규칙을 정한다. 이때 중요한 것은 규칙을 정한 뒤에는 반드시 부모가 아이의 행동에 같은 태도를 취해야 한다는 것이다.

예를 들어 '식사시간에는 텔레비전을 끄고 밥을 먹는다'는 규칙을 정했다면 아이가 반드시 그 규칙을 따르도록 부부가 함께 노력해야 한다. 만약 엄마는 아이에게 텔레비전을 끄고 식탁 앞에 조용히 앉아 밥을 먹으라고 하지만 아빠가 텔레비전 앞에 밥을 가지고 가서 먹어도 괜찮다고 허락한다면 아이는 엄마의 말을 들으려 하지 않고 자신에게 유리한 말을 해주는 아빠의 말을 들으려 하게 된다.

똑같은 상황에서 아빠와 엄마가 서로 다른 말을 하면 아이는 누구의 말을 들어야 할지 몰라 혼란에 빠지고, 부모 중 자신이 하고 싶은 것을 할 수 있게 하는 사람의 규칙만을 따르려고 하게 된다.

부모가 서로 다른 양육방식을 보일 경우 아이는 "아빠는 괜찮다고 하셨는데 엄마가 왜 그러냐"며 도리어 아이가 부모를 혼내는 상황이 전개되면서 부모 사이를 교묘히 오가며 자신에게 유리하도록 조종하려는 심리가 생긴다. 이것이 반복될 경우 아이는 부모 중 한 사람은 '좋은' 부모, 다른 한 사람은 '나쁜' 부모로 구분하여 '좋은' 부모에게는 무조건적인 애착을, '나쁜' 부모에게는 적개심을 가지게 된다.

이 현상을 심리학에서는 '이분'splitting이라고 부르는데, 이런 상황을 반복적으로 경험한 아이들은 자라면서 모든 것을 흑과 백, 또는 좋고 나쁜 것으로만 보는 시각을 가지게 된다.

이를 방지하기 위해서는 아이가 부모 중 한사람에게만 와서 허락을 요청할 경우"엄마께 여쭈어봤니? 엄마는 뭐라고 하셨니?" "이건 엄마 혼자 결정할 일이 아닌 것 같구나. 이따가 아빠가 오시면 같이 얘기하도록 하자"라고 말하여 부모는 한 팀이라는 것을 알려주어야 한다.

부부가 서로 상의 없이 아이의 말만 듣고 결정하게 되면 아이는 부모 사이에서 모든 상황을 자신에게 유리하게 만들려고 하게 된다.

규칙으로 정한 부분은 부부가 똑같이 반응하되 그렇지 않은 부분에 대해서는 배우자가 나와 다른 양육방식을 취하더라도 상대방의 의견을 존중해주고 간섭하지 않도록 하자. 내 방식만 옳고 배우자는 잘못하고 있다고 생각하며 상대방을 내 방식과 똑같이 바꾸려고 논쟁을 하면 아마 하루도 싸움이 끊일 날이 없을 것이다.

따라서 누가 옳고 그릇된 것이 아니라 배우자가 나와 '다름'을 존중해주고 아이가 부모 두 사람과 각각 특별한 관계를 형성할 수 있도록 지지해주는 것이 중요하다.

나와 다른 양육방식을 보인다고 해서 아이 앞에서 배우자를 무시하거나 나무라며 "엄마 말 듣지 말고 아빠 말 들어. 엄마가 뭘 알겠니" "아빠는 이런 거 할 줄 모르니까 엄마가 하라는 대로 해" 등과 같은 말을 하거나, "아빠가 괜찮다면 괜찮은 거야"와 같이 말하며 아이와 이미 해결해놓은 문제를 나중에 다른 방법으로 다시 해결하는 것은, 아이를 혼란에 빠뜨릴 뿐만 아니라 아이 앞에서 부모의 권위를 무너뜨리는 행위다. 부모 중 한 사람이 아이를 칭찬하거나 야단치는 것이 상황에 적절하지 않다고 생각되더라도 아이 앞에서는 배우자의 양육법을 지지해주고 아이가 없을 때 조용히 의견을 제시하여 대화하도록 하자.

단, 부모 한 쪽이 아이를 감정적으로 때리거나 폭력을 행사할 경우에는 즉시 배우자를 제지하여 아이를 보호해야 한다.

서로 다른 말을 하는 어른들

아홉 살 맥스의 엄마는 아이가 산만하고 집중력이 없어 딴청을 부리기 일쑤라며 주의력결핍 과잉행동장애ADHD 검사를 받고 싶다고 했다. 맞벌이 부부인 맥스 부모는 시어머니 집에서 같이 살았고 엄마가 직장에 나가 있는 동안 할머니가 아이를 돌봤다. 첫 상담을 하는 50분 동안 아이 엄마는 아이보다 아이 할머니 이야기를 더 많이 했다.

"할머니가 아이 버릇을 아주 나쁘게 들여놓았어요. 애가 사달라고 조르는 것마다 다 사주거든요. 얼마 전에는 애한테 글쎄, 그 비싼 게임기를 사주는 거예요. 세상에 애한테 그렇게 비싼 물건을 사준다는 게 말이 돼요?"

사실 할머니 할아버지가 손주에게 시도 때도 없이 선물 공세를 하고 먹고 싶고 갖고 싶어 하는 것을 모두 사주는 것은 흔히 볼 수 있는 광경이다. 이렇게 지극한 사랑을 베풀어주는 대상이 있다는 것은 아이에게 큰 행운이고 감사해야 할 일이다. 할머니 할아버지가 아니라면 그 누구도 대신할 수 없는 사랑의 표현이기 때문이다. 가끔 할머니 할아버지에게 이렇게 무제한 사랑을 받는 것은 아이에게 정서적으로 큰 영양분이 된다. 그러나 만약 할머니 할아버지와 한 집에 살면서 매일 이런 일이 반복된다면 문제가 될 수밖에 없다.

엄마와 할머니의 양육방식이 달랐던 까닭에 맥스는 엄마에게는 혼날 일이라도 할머니 앞에서는 칭찬을 받았다. 엄마는 아이에게 혼자 잘 것을 요구했지만 할머니는 밤마다 아이를 데리고 함께 잤다. 엄마는 맥스에게 갖고 싶은 것이 있으면 용돈을 모아 스스로 살 것을 요구했지만 할머니는 맥스가 갖고 싶어 하는 것은 언제든지 사주었다. 엄마와 할머니 사이의 갈등은 깊어갔고 아이는 두 사람의 서로 다른 양육방식으로 인해 혼란스러워했다. 누구의 말을 듣고 누구의 양육방식을 따라야 할지 몰라 아이는 점점 더 산만한 행동을 보였다.

어른들이 같은 상황에서 서로 다른 말을 하는 것은 아이를 혼란에 빠뜨리는 것은 물론, 부모의 권위와 위신을 깎는 것이기도 하다.

신혼 시절 집들이를 하느라 친구들을 초대했다. 친구 아이들인 네 살, 다섯 살짜리 개구쟁이 형제들은 안방에 들어가 침대 위에 올라가더니 깡충깡충 뛰기 시작했다. 아이들 엄마는 "너희들 남의 집에 왔을 때는 침대 위에서 뛰면 안 되는 거야. 당장 내려와!"라고 호통을 쳤다.

나는 속으로는 아이들이 침대 위에서 뛰는 것이 싫었지만 겉으로는 아무렇지 않은 듯 웃으며 "괜찮아. 애들인데 뭘. 상관없어 애들아. 뛰어도 돼"라고 말했다. 엄마의 호통에 아이들은 잠시 멈칫하는 듯했지만 괜찮다는 나의 말에 안심한 듯 다시 침대 위에서 발을 힘껏 구르며 점프를 하기 시작했다.

내가 속마음과는 달리 겉으로 웃으며 괜찮다고 허락한 이유는 무엇이었을까. 아이들 엄마가 미안해할까 봐서? 아이들에게 잘 보이려고? 아니었다.

미안해하는 아이들 엄마의 얼굴을 마주하고 있는 순간이 민망하고 무안했기 때문이었다. 겉으로는 마치 아이들을 위하고 아이들 엄마를 위하는 것 같았지만 사실은 내 무안함을 감추기 위해서 그랬던 것이다. 아이들 엄마는 "안 된다"고 말했지만 나는 "괜찮다"고 반대의사를 표현함으로써 아이들에게 "엄마 말은 듣지 말고 내 말을 들어"라고 말한 셈이 되어버렸다.

아이들은 "괜찮다는데 엄마가 괜히 왜 그래?"라고 삐죽거렸고 엄마의 권위는 떨어졌다. 나의 한 마디로 인해 아이들은

'다른 사람의 집에서는 침대 위에서 뛰면 안 된다'는 것을 배울 기회를 놓쳤고 짐작건대 다음에 다른 집에 가서도 똑같은 행동을 했을 것이다. 나의 말로 인해 엄마의 말은 아이들에게 신용을 잃었다.

정작 아이들과 아이들 엄마를 위한다면 나는 그때 "얘들아, 엄마 말씀이 옳아. 남의 집 침대 위에서는 뛰면 안 되는 거야. 얼른 내려오렴"이라고 했어야 옳다. 이런 말을 하는 것이 자칫 무안할 수 있지만 엄마의 말에 힘을 실어주어 '엄마의 말은 들어야 하는 것'으로 아이들이 인식하여 엄마 말에 따르도록 했어야 하는 것이다.

대리 양육자와의 의사소통

부모 대신 아이를 돌봐주는 대리양육자가 있을 경우 양육법 통일은 특히 중요하다. 부모와 대리양육자가 서로 다른 양육원칙을 가지고 있다면 의견충돌이 일어나고 문제가 생겨 결국 아이에게도 좋지 않은 영향을 끼치게 된다. 요즘은 직장에 나가는 엄마 대신에 아이의 할머니나 보모가 대리양육을 맡는 가정이 증가하면서 서로 다른 양육법으로 인한 갈등이 심화되기도 한다. 할머니가 가끔 아이를 봐주는 경우라면 그다지 걱정할 일이 아니지만 만약 아이를 정기적으로 봐준다면 대리양육자와의 의사소통은 무척 중요하다.

    엄마 아빠 앞에서는 야단맞을 행동을 해도 할머니 할아버지와 함께 있을 때는 아무런 제재를 받지 않게 되면 아이는 누구의 말을 들어야 할지 몰라 혼란을 느끼고 이런 혼란스러운 마음은 문제행동으로 표출된다.

    엄마는 아이가 갖고 싶은 장난감을 아무 때나 사주지 않고 특별한 날에만 사주지만 할머니는 사달라고 조를 때마다 무조건 사준다면 아이는 할머니 말만 따르려고 하게 된다. 따라서 엄마가 대리양육자인 할머니와 꾸준한 대화를 통해 동일한 양육방식을 정하여 아이에게 일관된 말과 행동을 보여주는 것이 필수다.

    부모님 세대는 요즘 세대가 누리는 풍족함을 경험하지 못했기 때문에 아이가 사달라는 것을 사줌으로써 손주에 대한 사랑을 표현하려 한다. 부모는 안 된다고 단호히 말하지만 할머니 할아버지가 이를 대신 들어주게 되면 아이는 다음에 부모가 또 "안 돼"라고 말하더라도 부모의 말을 수용하지 않고 무시하게 된다. 따라서 왜 이 물건을 사주면 안 되는지 대리양육자인 할머니에게 충분히 설명하여 할머니나 할아버지가 부모와 같은 양육방식을 취하도록 하는 것이 중요하다.

    아이가 평소에 갖고 싶어하는 장난감, 혹은 아이에게 필요한 옷, 학용품 등을 아이에게 적도록 하여 '소원 목록'을 만들어 놓고 조부모나 친척들이 아이에게 선물하고 싶어할 때 목록에서 한 가지를 선택하도록 하는 방법도 좋다. 아이의 대학자금 구좌를 미리 마련하여 아이가 가지고 놀다 금방 싫증낼 비싼 장난감을 사주는 대신 대학자금에 보탬을 주도록 말씀드리면 어른들도 흔쾌히 그 뜻을 받아들일 것이고 아이에게도 좋은 가르침이 된다.

대리양육자와의 대화는 'I 문장'으로

아이를 할머니 또는 보모에게 맡기기 전에 우선 아이와 마주 앉는다. 아이가 할머니와 있는 동안 반드시 지켜야 할 규칙을 설명해 주어 가령, "새별아, 할머니께 장난감을 사달라고 조르면 안 돼"와 같이 말해준다. 그리고 아이가 주변에 없을 때 대리 양육자와 대화할 시간을 따로 마련한다. 가장 중요한 규칙은 무엇이며 무엇은 용납되지 않고 무엇은 허락되는지 자세하게 설명한다.

이때 '나는 이러이러한 방법으로 아이를 키우니 당신도 내 방식을 따라야 한다'며 상대방을 가르치듯 말하지 않도록 주의해야 한다. 상대방과 나는 이 아이를 같이 키우는 '한 팀'이라는 것을 강조하여 파트너십을 끌어내는 것이 무엇보다 중요하다. 즉 "어머니, 새별이가 뭐 사달라고 조르더라도 절대로 사주시면 안 돼요"라고 하기보다는 "새별이가 장난감 사달라고 자주 졸라서 아마 같이 다닐 때 많이 힘드실 거예요. 그럴 때 저는 딱 잘라서 단호하게 안 된다고 말해요. 안 그러면 애가 계속 떼를 쓰거든요. 그게 싫어서 한번 사주기 시작하면 새별이는 계속해서 사달라고 떼를 쓰게 돼요. 어머니랑 저랑 똑같은 방법을 써야 아이 버릇을 고칠 수 있어요. 제가 없을 때는 어머니께서 저 대신 그 역할을 해주셔야 하는데, 어머닌 어떻게 생각하세요?"라고 말하는 것이다.

이렇게 내 육아원칙과 그에 따라 기대하는 결과를 설명한 후 상대방의 생각을 물어보면 상대방도 나의 말을 일방적 훈계로 듣지 않고 자신도 같은 방법으로 아이를 돌봐야 한다는 책임감을 느끼게 된다. 이러한 대화를 대리양육자와 미리 충분히 나누는 것이 나중에 서로 간에 생길 수 있는 오해와 갈등을 없애준다.

대화할 때 키포인트는 바로 'You 문장'을 피하고 'I 문장'을 쓰는 것이다. 즉 "어머니는 허구한 날 새별이에게 장난감을 왜 그렇게 많이 사주세요? 그러지 마세요. 애 버릇 나빠져요"라고 상대방인 '어머니'를 주어로 내세우게 되면 자신의 좋은 의도를 몰라주는 며느리에게 섭섭한 감정을 가지게 된다. 이럴 때는 'I 문장'을 써서 '나'를 주어로 하여 "저는 새별이가 책임감을 가진 아이로 크길 원해요. 그래서 특별한 날이나 새별이가 무언가 책임감 있는 행동을 했을 때 상으로 장난감을 사주려고 해요. 제가 계속 이 방법을 쓰려면 어머니 도움이 절대적으로 필요해요"라며 '나'를 주어로 상대방의 협조를 구한다면 서로 간의 불필요한 감정싸움을 예방할 수 있다.

이렇게 충분한 대화를 나눈 후 그 자리에 아이를 부른다. 그리고 할머니가 옆에 듣고 계시는 동안 아이에게 직접 설명을 해주는 것이 더 효과적이다. 할머니와 아이가 함께 있을 때 아이에게 직접 말해보자.

"새별아, 패스트푸드 먹지 말고 할머니가 차려주시는 밥 맛있게 먹어야 해. 알았지? 할머니께 '감사합니다' 하고 꼭 인사하고 말이야. 우리 새별이 인사 참 잘하니까 이따 밥 먹을 때 할머니께 인사 잘 할 거라고 엄마는 믿어. 그리고 장난감 사달라고 조르면 안 된다고 엄마랑 아까 약속했지?"

이렇게 아이에게 지켜야 할 규칙을 하나하나 설명해주게 되면 아이도 엄마의 말을 들으며 마음 속으로 다짐을 하게 되고, 옆에서 듣고 있는 할머니께도 아이에게 무엇을 해줘야 하고 무엇을 하면 안 되는지 간접적으로 전하는 상황이 된다.

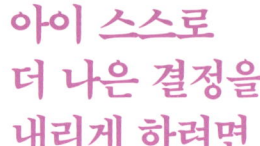
아이 스스로
더 나은 결정을
내리게 하려면

상담 첫 시간이면 나는 아이에게 세 가지 소원을 물어본다.

"알라딘의 램프 알지? 알라딘이 램프를 문지르면 램프의 요정인 지니가 나와서 세 가지 소원을 들어주잖아. 만약 그런 램프가 있다면 요정에게 어떤 세 가지 소원을 들어달라고 하고 싶을까?"

질문을 받으면 아이들은 고민 끝에 가지각색의 대답을 늘어놓는다. "방 한가득 장난감을 사달라고 할래요" "공주가 되고 싶어요"와 같은 소원을 말하는 아이들도 있지만 자신의 고민이나 스트레스를 말하는 경우도 있다. 가령 "엄마 아빠가 싸우지 않고 사이좋게 지내게 해달라고 할래요"라는 아이의 소원을 통해 가정불화를 짐작할 수 있고, "친구들이 집에 와서 놀 때 엄마가 창피한 말 좀 하지 않았으면 좋겠어요"라는 대답을 통해 평소 아이가 엄마의 언행 때문에 스트레스를 받는다는 것을 알 수 있다. '세 가지 소원'은 아이가 처한 상황이나 가정형편, 가족문제 등 직접 물어보기 어려운 것을 간접적인 질문을 통해 들음으로써 아이의 현재 심리상태를 파악할 수 있는 방법이다.

결정권을 허용받은 아이

열 살 조세프의 세 가지 소원은 자전거를 가지는 것, 혼자서만 볼 수 있는 자기만의 텔레비전을 가지는 것, 그리고 밤에 자고 싶을 때 자는 것이었다. 알고 보니 조세프는 다섯 살짜리 여동생 줄리와 매일 텔레비전 채널권을 차지하려고 서로 싸웠고 그럴 때마다 울음을 터뜨리는 어린 여동생 때문에 매번 꾸중을 들었다. 텔레비전 채널 결정권을 동생에게 억지로 양보해야 했던 조세프는 동생 줄리가 잠들고 난 밤늦게야 혼자 텔레비전을 보느라 자정이 되도록 잠을 자려 하지 않았다. 자기 싫어하는 아이에게 엄마는 억지로 취침을 강요했고 조세프는 마지못해 방으로 들어가 잠을 자는 척하다가 엄마가 잠이 들면 다시 거실로 나와 텔레비전을 켰다.

무조건적인 강요는 내 의지와는 상관없이 하기 싫어도

따라야 하기 때문에 명령을 듣는 사람에게 무력감을 안겨준다. 하지만 명령을 듣는 사람의 의지가 반영될 경우에는 무조건적인 것이 아니라 나에게도 일부 결정권이 주어지는 것이므로 반항심은 줄어들게 된다.

잠들기 싫어하며 자는 것을 거부하는 아이에게는 조금 더 선택권을 주어보자. 하기 싫은 것을 무조건 하라고 강요받으면 누구나 반항심이 생기면서 더 하기 싫어지기 마련이다. 어른의 경우에도 졸리지 않은데 무조건 가서 자라고 강요한다면 과연 편안히 누워서 당장 잠들 수 있겠는가?

졸리지 않은 아이, 자고 싶지 않은 아이를 억지로 눕혀서 자게 하는 것은 아이가 싫은 마음을 가지고 자게 하는 것이므로 더더욱 좋지 않다. 대신 아이에게 어느 정도 선택권을 주어 취침시간을 아이가 스스로 결정할 수 있도록 하는 것이 더 효과적이다.

잠드는 시간은 아이가 결정하도록 하되 잠을 자기 위해 방으로 가는 시간은 부모의 결정에 따르도록 하는 것이다. 가령, 아이가 졸리지 않다고 불평하면 "졸리지 않으면 꼭 지금 안 자도 돼. 하지만 네 방에 들어가서 잠잘 준비를 해야 해. 침대에 누워서 읽고 싶은 책을 읽거나 음악을 듣거나 하고 싶은 걸 하다가 졸리면 누워서 잠을 자는 거야"라고 말해보자.

어느 정도 결정권을 허용받은 아이는 하고 싶은 것을 하다가 잠을 청하게 된다. 다만 늦게까지 텔레비전을 보거나 컴퓨터 게임을 하는 것은 금지해야 한다. 잠자는 시간을 스스로 정할 수 있게 된 아이는 신이 나서 늦게까지 깨어 책을 읽거나 놀 수 있다.

하지만 너무 늦게까지 깨어 있다가 늦게 잠이 들면 그 다음날 아침에 일어나기도 어렵고 하루 종일 피곤함을 느끼게 마련이다. 아이는 늦게 자면 다음날 피곤하다는 것을 알게 되어 다음부터는 스스로 알아서 적절한 취침시간을 정할 것이다. 아이는 이러한 경험을 통해 옳은 판단을 하고 더 나은 결정을 내리는 법을 배워 스스로 취침시간을 조절할 줄 아는 자립심을 가지게 된다.

복종을 강요받은 아이
vs 협조를 요청받은 아이

아이를 훈육하는 이유는 무엇인가. 아이가 실수와 잘못을 통해 올바른 결정과 판단을 내리는 법을 배우도록 도와주기 위한 것이지, 부모가 원하는 대로 아이를 컨트롤함으로써 아이가 부모에게 복종하도록 만들기 위한 것이 아니다.

"엄마가 하라면 하는 거지 무슨 잔말이 그렇게 많아?" "아빠 말에 토 달지 말고 그냥 시키는 대로 무조건 하면 돼"와 같은 말은 아이를 돕는 말이 아닌 조종하려는 말이다. "왜요?"라는 아이의 질문에 "왜는 뭐가 왜야? 말대꾸 하지 말랬지? 엄마가 시키면 잠자코 해"라고 하면 당장 그 순간에는 아이가 말을 듣는 것처럼 보인다. 하지만 충분한 이유도 설명하지 않은 채 무조건 아이의 복종만을 강요하는 이런 대화 방식이 계속되면 아이는 사춘기에 접어들면서 부모와 담을 쌓고 반항을 하거나 성인이 되어도 직장상사와 같이 명령과 복종을 요구하는 대상에게서 부모의 모습을 보게 되어 윗사람과의 관계에서 어려움을 겪게 된다.

행동에 따라 결과 또한 선택하게 된다는 것

아이로부터 무조건적인 복종이 아닌 협조를 끌어내자. 아이에게 무조건 안 된다, 하지 말라고 하는 대신 왜 하면 안 되는지, 하면 어떤 결과가 오게 되는지를 가르쳐주어 아이가 어떤 행동을 선택하느냐에 따라 뒤따라오는 결과 또한 선택하게 된다는 것을 가르치는 것이 좋다.

대형마트에서 뛰어다니는 아이에게 "너 뛰지 말라고 했지? 누가 이런데서 뛰어다니래? 엄마 지금 화났어. 당장 이리 안 와?"라고 야단치면 아이는 왜 뛰면 안 되는지, 뛰면 어떤 결과를 가져오는지 아무것도 배우지 못하게 된다. 다만 아이는 자기가 뛰어다니면 엄마가 화가 나니까 엄마 앞에서는 뛰지 말고 엄마가 안 볼 때는 뛰어도 괜찮다는 생각을 하게 된다.

"여기는 사람들이 쇼핑을 하는 곳이기 때문에 뛰어다니면 부딪혀서 넘어지거나 다칠 수 있어. 이렇게 사람이 많은 곳에서는 뛰지 말고 천천히 걸어야 해. 다시 한 번 더 뛰어다니면 그때는 장보던 것을 그만두고 당장 집으로 돌아갈 거야. 엄마 말 잘 알겠니?"

이러한 꾸지람은 아이에게 뛰면 안 되는 이유, 뛰면 어떤 결과가 생기며 어떤 벌을 받게 되는지를 알려주어 아이가 올바른 판단을 하도록 이끌어 준다.

"엄마는 여기 저녁 찬거리를 사러 왔고 우리 가족이 먹을 반찬을 잘 고르기 위해서는 네 도움이 필요해. 자, 우선 제일 처음으로 감자를 골라야 하는데 엄마를 좀 도와주겠니? 껍질에 물기가 없고 싹이 나지 않은 걸로 수빈이가 세 개만 골라볼까?" 라고 말해보자. 도움이 필요하다며 협조를 구한다면 아이는 책임감을 느껴 자발적으로 따르려는 마음이 생기기 마련이다.

무조건적인 강요를 받은 아이는 자신의 의지와 상관없이 부모의 명령에 따라 당장 그 순간에만 복종하고 부모가 보지 않을 때는 지적받았던 행동을 몰래 다시 한다. 그러나 협조를 요청받은 아이는 자발적으로 참여하며 스스로 올바른 판단을 내려 문제가 되었던 행동을 하지 않게 된다.

상처 주고 싶진 않지만 버릇없는 건 더 싫어

1:7 법칙, 1번 야단칠 때 7번 칭찬하라

"난 엄마가 싫어요."

상담실 밖으로 엄마가 나가자 나와 단 둘이 남게 된 열두 살 앨리스가 말했다.

"선생님도 아까 보셨죠? 엄마가 날 어떻게 대하는지…."

앨리스 엄마는 상담실에 들어서서 의자에 앉기가 무섭게 아이를 야단치고 험담을 늘어놓았다.

"선생님한테 인사 제대로 못하니?"

"얘는 우리 집 문제아예요. 애 셋 중에 얘만 없으면 제가 아마 십년은 더 살 걸요." "얘 옷 입은 꼬락서니 좀 보세요. 어린 애가 손바닥만한 작은 옷을 입고 벌써부터 저렇게 노출이 심하다니."

　엄마는 계속해서 아이의 단점을 늘어놓았고, 앨리스는 고개를 푹 숙이고 아예 엄마한테서 등을 돌린 채 앉아 있었다. 엄마가 잠시 목을 축이려 손에 들고 있던 물병의 마개를 여는 찰나를 이용해 나는 말했다.

　"세상에 문제없는 사람은 없지요. 그럼 앨리스의 장점은 무엇인가요?"

　"장점이요…? 글쎄요, 동물을 무척 좋아하는데 그것도 장점이 될까요?"

　아이 손을 잡고 상담을 오는 부모들은 대부분 아이의 단점과 문제점만 늘어놓는다. 물론 상담 시간이 제한되어 있어 주어진 시간 안에 가능한 한 많은 이야기를 해야 한다는 생각으로 아이의 장점은 제쳐두고 단점만 늘어놓을 수도 있다. 하지만 아이의 장점을 물어보면 앨리스 엄마처럼 선뜻 대답을 내놓지 못하는 부모들이 적지 않다.

　하루 종일 부모에게 잘못을 지적당하고 하는 것마다 야단을 맞는 아이를 상상해보라.

　"아직도 안 일어났어? 넌 도대체 엄마가 언제까지 깨워야 하니?"

　"밥 먹기 싫어? 왜 그렇게 흘리고 먹어? 똑바로 앉지 못해?"

"책가방 챙겼어? 어제 자기 전에 책가방 챙기라고 엄마가 말했어 안했어?"

"아빠가 준 용돈은 어디다 쓰고 벌써 돈을 달라고 해? 돈 아껴 쓰라고 몇 번을 얘기해야 알아들어, 엉?"

"하지 말라는 말 못 들었어? 넌 도대체 누굴 닮아서 이 모양이니?"

아이의 잘못을 자꾸 지적하게 된다면

부모는 아이의 잘못을 고쳐주어야 한다는 의무감에, 아이가 잘하는 것보다는 잘하지 못하는 것이 눈에 더 많이 들어와 아이의 잘못을 자꾸 지적하게 된다. 하지만 매사에 야단을 맞는 아이는 좀 더 잘해야겠다는 생각이 드는 것이 아니라 점점 자신감이 떨어지면서 이번엔 또 어떤 걸로 혼이 날지 몰라 불안해하고 부모를 피하려 하며 같이 있는 시간마저 괴롭게 느낀다.

아이를 훈육하는 이유는 아이가 실수와 잘못을 통해 올바른 결정과 판단을 내리는 법을 배워 자신의 행동에 따른 결과를 책임질 줄 아는 어른이 되도록 도와주기 위함이다. 그러나 위와 같은 꾸지람은 아이가 어떤 결정을 내리고 판단을 내려야 하는지 가르쳐주지 않는다. 다만 아이의 자긍심을 짓눌러 아이를 무시하고 업신여기는 부모의 빈정거림이 있을 뿐이다.

아이는 부모의 관심을 끊임없이 필요로 한다. 부모는 아이가 옳은 행동을 하면 칭찬을 해주고 잘못을 저지르면 야단을 친다. 칭찬과 꾸지람은 부모가 아이에게 애정 어린 관심을 보여주는 도구가 된다. 하지만 많은 부모들은 아이를 칭찬하는 데는 느리지만 꾸짖는 데는 빠르다.

혼을 낼 때도 기술이 필요하다. 아이가 잘못된 말과 행동을 할 때마다 무작정 야단을 치면, 아이는 부모에게 저항심만 가지게 될 뿐, 정작 왜 야단을 맞는지 부모가 하는 말의 내용은 귀에 들어오지 않는다. 칭찬과 꾸지람은 적절히 균형을 맞출 때 가장 큰 효과를 낼 수 있다.

전문가들은 아이를 한 번 야단칠 때 일곱 번 칭찬하는 1:7 법칙을 이상적인 훈육으로 간주한다. 야단은 치지 않고 무조건 칭찬만 하거나, 칭찬은 전혀 없이 잘못만을 지적하고 야단치는 것은 두 경우 모두 아이에게 정서적 결핍을 가져온다.

아이가 부모에 대한 증오심이나 반항심 없이 의견을 수용하길 바란다면, 아이가 부모로부터 사랑받고 신뢰를 받는다는 확신을 가지도록 한 번 꾸중할 때 일곱 번 칭찬하는 1:7 법칙을 지켜라.

나쁜 것은 행동이지 내 아이가 아니다

처음 상담을 받으러 온 아이들은 대부분 자기가 이곳에 왜 왔는지 모른다. 적절한 설명을 해주지 않고 무작정 아이를 끌고 오는 부모들이 많기 때문에 아이들은 무언가 자신이 저지른 잘못 때문에 클리닉에 왔다고 생각하여 바짝 긴장한다.

그런 아이들에게 "엄마가 널 여기 데려온 이유가 뭐라고 생각하니?"라고 물으면 많은 경우, "제가 문제아라서요" "제가 나쁜 아이라서요"라고 대답한다. 자신이 '문제아' '나쁜 아이'라고 생각하고 찾아온 아이들은 자신이 한 행동 때문에 혼이 나지는 않을까 하는 두려운 마음을 가지고 있다. 이러한 마음을 풀어주고 아이가 클리닉에 오게 된 이유를 설명해주는 것이 중요하다.

"엄마가 널 오늘 여기에 데리고 오신 이유는 네가 문제아거나 나쁜 아이라서가 아니야. 엄마가 널 많이 걱정하셔서 데리고 오신 거란다. 선생님은 너 같은 아이들의 걱정을 들어주는 사람이거든."

아이를 야단칠 때 많은 부모들은 "나쁜 아이나 너처럼 그러는 거야" "너 거짓말쟁이야?" "넌 애가 왜 그렇게 못됐니?" "넌 아주 실수투성이구나"와 같이 아이의 행동과 아이 자체를 동일시하는 경향이 있다.

'나쁜 아이' '거짓말쟁이' '못된 아이' '말썽꾸러기' '고집쟁이' 등과 같이 부정적 명칭을 부여하는 것은 아이에게 주홍글씨를 새기는 것과 같다. 나쁜 것은 아이의 행동이지, 아이가 아니다.

반복적으로 "너는 나쁜 아이야"라고 말하게 되면, 아이는 부모의 말을 그대로 받아들여 '나는 나쁜 아이'라는 생각을 머릿속에 입력하게 되고, 이것은 아이의 자신감에 큰 상처를 입히게 된다. '나쁜 아이'라는 말을 반복적으로 들은 아이는 '나는 나쁜 아이라서 엄마 아빠가 사랑하지 않아. 그렇기 때문에 어떤 행동을 해도 난 사랑받을 수 없어. 그렇다면 굳이 애써서 착한 행동을 할 필요가 없겠지. 내가 무슨 행동을 하든 어차피 상관없으니까'라고 생각하기 쉽다.

아이들은 누구든지 부모에게 사랑받고 싶어하고 부모를 기쁘게 하려는 마음이 있다. 아이가 말썽을 피우는 것은 부모의 마음을 일부러 속상하게 만들기 위함도 아니고, 선천적으로 '나쁜 아이'이기 때문도 아니다. 아이들은 아직 세상에 적응하는 법을 배우고 터득하는 중이며 그 과정에서 실수를 하면서 하나하나 배워 나간다. 따라서 아이의 행동만을 보고 '나쁜 아이'로 명명한다면 아이는 실수를 통해 정신적으로 성숙할 수 있는 기회를 놓쳐 부모의 말처럼 '나쁜 아이'의 상태에 머무르게 된다.

아이의 행동을 정의해주자

잘못된 행동을 하는 아이에게는 "넌 못된 애야!" "나쁜 아이나 그러는 거야"라고 하기보다는 "넌 지금 잘못 행동하고 있어" "때리는 것은 옳지 않아"라고 말해주자. 거짓말을 하는 아이에게는 "이 거짓말쟁이야!"라고 하기보다 "넌 지금 거짓말을 하고 있구나" 하며 아이의 행동을 정의해주는 것이 바람직하다. 전자의 '못된 애' '나쁜 아이' '거짓말쟁이'는 원래 못되고 항상 거짓말을 하는 사람이지만, 그에 반해 후자의 경우는 '원래는 잘못된 행동을 하지 않고 거짓말을 하지 않는 아이인데 지금 이 순간에만 잘못된 행동을 하고 거짓말을 하는 실수를 범하고 있다'는 의미가 포함되어 있다. 아이에게 '나쁜 아이' '거짓말쟁이'라는 이름을 붙여주게 되면 아이는 '난 원래 나쁜 아이니까 이래도 돼' 혹은 '난 원래 거짓말쟁이니까 거짓말해도 돼' 라는 마음을 무의식중에 가질 수 있다.

아이의 행동이 잘못되었다면 "엄마는 널 사랑하지만 아까 네가 한 행동은 받아들일 수가 없어. 네 행동에 엄마는 실망했다"라고 말하여 아이가 엄마 아빠의 사랑을 의심하지 않도록 하는 것이 중요하다.

"너 같은 거짓말쟁이하고 누가 같이 살고 싶겠니?"와 같이 아이를 어떠어떠한 아이로 단정지으면 아이는 '엄마 아빠는 나만 미워해'라고 생각하고 부모가 자신을 사랑하지 않는다고 믿게 되어 오히려 증오심을 느끼며 자신의 잘못은 뉘우치지 않는 아이가 될 수도 있다.

대신 "넌 착한 행동을 할 수 있는 아이야" "넌 이 행동보다 더 나은 아이라고 엄마는 믿어"라고 말해주자. 이 말은 아이가 본래 좋은 성품과 착한 행동을 할 수 있는 능력을 충분히 가지고 있지만 지금 이 순간 잘못 행동하고 있는 것뿐이라는 것을 깨닫게 해준다.

아이를 '적'이 아닌 '같은 편'으로 만들자. 아이를 나쁜 아이로 분류하여 '적'으로 몰아세우는 것이 아니라, 아이 편에 서서 어떻게 하면 문제를 해결할 수 있는지 같이 모색하는 '동지'가 되어 보자.

아이에게 '왜'를 강조하게 되면

도벽을 보이는 아이 때문에 걱정하는 부모들을 많이 본다. '바늘 도둑이 소 도둑 된다'는 속담처럼 혹시나 아이가 잘못된 길로 빠지는 건 아닐까 부모들은 마음을 졸인다.

어떤 아이들은 물건을 보면 가지고 싶어하는 욕구가 아주 강하게 일고 따라서 결과를 생각하지 않고 물건이나 돈을 훔치는 경우가 흔히 일어나기도 한다. 돈의 개념에 대하여 정확히 알지 못하는 아이들에게 가지고 싶은 물건을 보면 소유하고 싶은 욕구가 생기는 것은 자연스러운 현상이다.

따라서 어른의 생각만으로 아이를 '도둑'으로 몰지 않도록 주의해야 한다. 이런 일이 한두 번 있었다고 해서 아이가 반드시 도둑이 되는 것은 아니기 때문이다.

잘못은 기회로 활용하자

아이 입장에서는 엄마의 돈을 꺼내어 쓴 것을 '훔쳤다'고 생각하지 않을 수도 있다. 따라서 무작정 호통치는 것보다 아이가 놀라지 않도록 "엄마가 할 이야기가 있어"하며 차분한 어조로 말을 꺼내는 것이 좋다. 갑자기 화를 내거나 소리를 지르며 "네가 엄마 지갑에서 돈 빼갔니? 왜 그랬어?"하고 윽박지르거나 야단을 치게 되면 아이는 겁이 나서 그 순간만을 모면하려고 거짓말로 둘러대거나 얼버무리는 등의 태도를 보이게 된다. 아이들은 잘못을 추궁당할 경우 부모에게 혼난다는 두려움을 가지기 때문에 하지 않았다고 무조건 변명하기 마련이다.

그러므로 변명하는 아이를 붙잡고 "네가 했지?"하며 아이의 '자백'을 받아내는 것은 문제 해결에 아무런 도움이 되지 않는다. 아이가 억지로 잘못을 인정하도록 만들기보다 아이가 잘못을 저질렀을 때를 아이에게 새로운 가르침을 주는 '기회'로 활용하는 것이 좋다.

"왜 가져갔니?"하며 '왜'를 강조하게 되면 아이는 혼난다는 느낌을 받기 때문에 겁을 먹고 머뭇거리다가 변명을 늘어놓게 된다. 이럴 때는 차분한 목소리로 "엄마가 궁금해서 그러는데 어떤 생각을 하고 돈을 가져간 거니?" 혹은 "우리 ○○가 어디에 쓰려고 돈이 필요했을까?"라고 물어 아이의 의도를 알아낸다. 아이가 받는 용돈이 부족했을 수도 있고 아이가 친구들에게 근사하게 한턱내어 멋지게 보이고 싶었을 수도 있다. 아니면 누군가에게 협박이나 회유를 당해 돈이 필요한 위험한 상황에 놓였을 지도 모른다. 아이의 잘못된 행동 자체에만 초점을 맞추기보다 문제행동을 하게 된 계기를 알아내어 문제를 해결하는 것이 중요하다.

"네가 도둑이야? 경찰서에 잡혀가고 싶어?" 하며 아이에게 으름장을 놓아 직접적으로 공격하면 문제는 문제대로 해결되지 않은 채 아이에게 죄의식, 수치심, 두려움만 키워지게 할 뿐이다. 따라서 아이가 다음에 비슷한 문제에 직면하면 옳은 판단을 할 수 있도록 "친구들과 햄버거 사먹고 싶었다면 엄마 돈을 가져가지 않고 어떤 방법으로 그 문제를 해결할 수 있었을까?" "다음에 또 돈이 필요하면 엄마한테 와서 어떤 일로 돈이 필요한지 얘기하렴. 그러면 엄마가 심부름을 시키고 특별 용돈을 줄 테니까"와 같이 문제 해결에 초점을 맞추자.

아이가 자신이 저지른 잘못을 사실대로 털어놓으면 순간 화가 나더라도 우선 아이를 칭찬하자. "사실대로 말해줘서 정말 고맙구나" "네 행동은 잘못된 것이지만 잘못을 인정하는 건 용기 있는 행동이란다" "이번엔 잘못했지만 다음에 똑같은 상황이 생길 땐 네가 올바른 행동을 할 거라고 믿어"라고 말하자. 이렇게 격려해주면 아이는 부모에게 사실대로 말하길 잘했다고 생각하며 안심하게 된다. 먼저 아이를 격려한 후 이미 벌어진 문제를 이제 어떻게 해결하는 것이 좋을지 아이와 함께 해결책을 찾아본다.

잘못했을 때 무조건 야단을 맞은 아이는 실수와 잘못이란 용서받을 수 없는 것, 창피하고 수치스러운 것, 덮어두고 숨기고 감추어야 하는 것으로 배우게 된다. 실수는 곧 그 사람에게 큰 문제가 있음을 의미하는 것으로 잘못 인식하게 되는 것이다.

자녀가 잘못했을 때 곧바로 나무라지 않고 문제 해결에 초점을 맞추는 부모를 보고 자란 아이는 세상에 완벽한 사람은 없기 때문에 누구나 실수하고 잘못을 저지르는 것은 자연스럽고 정상적인 일이라 여긴다. 나아가 잘못을 인정하면 용서를 받을 수 있고, 사람은 실수를 통해 새로운 것을 배워 더 나은 사람으로 성장할 수 있다는 것을 깨닫는다.

부모에게 혼날 것을 알면서도 사실대로 털어놓는 것은 아이에게 크나큰 용기를 필요로 한다. 잘못을 부모에게 털어놓았을 때 부모가 아이를 안심시키고 아이와 같이 문제를 해결하도록 도와주면 다음에 다른 잘못을 하게 되더라도 제일 먼저 부모에게 달려와 의논하고 문제를 해결하는 방법을 배우게 된다. 하지만 잘못을 털어놓았을 때 무조건 야단을 맞은 아이는 다음에 더 큰 잘못을 했을 때 부모에게 또 혼날 것이 두려워 상황을 모면하기 위해 거짓말을 하거나 문제를 숨긴 채 혼자 끙끙 앓게 된다. 이런 과정이 반복되면 아이는 부모 몰래 혼자 힘으로 문제를 해결하려고 애를 쓰다가 자칫 상황을 더 악화시킬 수도 있다.

따라서 아이가 잘못을 인정하고 정직하게 털어놓으면 격려해주고 다음에도 아이가 부모를 믿고 고민거리를 털어놓을 수 있도록 이끌어주자. 사실을 말하고 난 뒤의 결과가 거짓말을 했을 때의 결과보다 더 좋아야 아이들은 부모에게 마음을 열고 다가오기 때문이다.

또한 아이가 실수를 했을 때 무조건 야단치고 벌주게 되면 아이는 자신의 잘못은 생각하지 않고 도리어 '내가 시키는 대로 동생이 망만 잘 봤어도 엄마한테 들키지 않았을 텐데. 다 저 녀석 때문이야' '엄마가 날 그렇게 심하게 때리다니 앞으로는 엄마한테는 말 안 할 거야' 하며 다른 사람을 원망하고 탓하는 사고방식을 가지게 된다. 특히 아이를 야단칠 때 "너같이 말 안 듣는 아이는 당장 고아원에 데려가야겠다" "다음에 또 그러다가 엄마한테 들키면 그땐 다리몽둥이가 부러질 줄 알아"와 같이 협박 어조로 말하면 아이는 뉘우치는 마음을 가지는 대신 부모에 대한 분노와 두려움을 갖게 된다.

상처 주지 않고 벌주는 법, 타임아웃

'타임아웃'은 문제행동을 하는 아이를 다른 장소로 옮겨 일정 시간 동안 혼자서 조용히 앉아있도록 하는 테크닉이다. 만 2세부터 초등학교 저학년에 이르는 나이의 아동이 가진 문제행동을 바로 잡는 데 효과적이다. 아이를 문제상황에서 분리시켜 다른 장소로 이동시킴으로써 잘못된 행동을 즉시 멈추게 하는 데 특히 효과가 있다. 장소를 옮겨 아이가 한 곳에 조용히 앉아서 반성을 하도록 한다는 점에서는 우리나라의 손 들고 벌서기와 유사하다. 그러나 손 들고 무릎 꿇기가 팔이 아프거나 다리가 저리는 등 아이에게 육체적인 고통을 주는 반면 타임아웃은 아이가 스스로 자신의 감정을 조절하여 행동을 변화시키도록 심리적 접근을 한다는 점에서 차이점을 보인다. 즉 생각을 먼저 하고 그 생각을 행동으로 나타내도록 가르치는 것이다.

타임아웃은 잘못한 아이에게 벌을 주는 벌칙이 아니라 스스로 감정을 가라앉혀 행동을 변화시키도록 아이에게 기회를 주는 것이다. 아이들은 언어적 표현능력이 부족하기 때문에 감정을 말로 표현하지 못하고 행동으로 표출한다. 아이들은 한번 감정이 격해지면 행동을 쉽사리 멈추지 못하기 때문에 이러한 인지능력이 없는 아이들을 지도하는 것이 중요하다.

아이에게 주는 기회

타임아웃을 줄 때는 아이를 지정된 의자에 몇 분 동안 앉아 있도록 하는 의자 테크닉이 특히 효과적인데 의자 없이 구석에 앉히거나 타임아웃을 위한 특정한 공간을 지정할 수도 있다.

이때 가장 중요한 것은 타임아웃을 실행할 장소가 반드시 아이에게 무료한 장소여야 한다는 점이다. 그 이유는 아이가 타임아웃을 받는 동안 스스로 감정을 진정시키고 자신의 행동을 반성하는 것 외에는 달리 할 일이 없어야 하기 때문이다. 잘못을 한 아이에게 화장실에 들어가 있으라고 했는데 아이가 물장난을 하고 있다면 아이에게 감정을 가라앉히는 것이 아닌 놀거리가 있는 장소이므로 효과를 볼 수 없다. 벽 보고 뒤로 돌아서 있으라고 했는데 벽지에 재미있는 그림이 그려져 있거나 벽에 창문이 있어 창문 밖으로 나무가 보이고 새소리가 들린다면 이 또한 적절하지 못한 장소이다.

마찬가지로 만약 의자에 앉혀놓았는데 텔레비전 소리가 들린다면 아이는 앉아 있는 동안 텔레비전 소리를 들으며 딴짓을 하게 되므로 텔레비전을 끄거나 텔레비전 소리가 아예 들리지 않는 장소로 이동시켜야 한다. 의자 없이 장소를 지정할 경우에는 위험한 것이 없는지 확인하도록 한다. 의자를 사용할 경우에는 아이가 혼자서 쉽게 앉을 수 있을 정도의 크기와 높이의 의자가 적절하다.

아이에게 타임아웃 장소를 설명할 때는 "네가 잘못을 할 경우 앉아서 벌받는 곳이야"가 아니라 "여기는 우리가 마음을 가라앉히고 감정을 조절하기 위해서 앉는 특별한 곳이야"라고 말하는 것이 좋다. 아이가 '벌 받는 장소'로 인식을 하면 그 장소에 부정적인 느낌을 가져서 의자를 볼 때마다 화가 나거나 타임아웃 장소를 지나갈 때마다 분노를 느끼게 될 수 있다. 하지만 '마음을 가라앉히는 장소'로 받아들이면 좋거나 나쁜 장소가 아닌 중립적인 느낌을 가진다.

여기서 유의해야 할 점은 의자를 사용할 경우 의자를 한곳에 그대로 놔두지 않도록 해야 한다는 것이다. 의자가 고정된 자리에 놓여 있어 항상 눈에 띄면 언젠가는 아이가 또다시 잘못을 저질러서 그 의자에 앉을 가능성이 있다는 것을 암시할 수 있다. 따라서 운반하기 용이한 작고 가벼운 의자를 사용하여 타임아웃이 끝나면 벽장 같은 보이지 않는 곳에 치우는 것이 좋다. 의자가 눈에 띄지 않으면 다시는 그 의자를 꺼낼 이유가 생기지 않을 수 있다는 메시지를 준다.

아이와 함께 정하는 타임아웃의 규칙

타임아웃을 줄 때는 아이 나이에 맞추어 한 살 당 일 분씩 시간을 정하는 것이 효과적인데, 단 만 3살 이전 아이에게는 이 규칙이 적용되지 않는다. 예를 들어 6살은 6분, 10살은 10분 동안 앉아있도록 하며 2살 아이는 30초에서 1분 미만이 적당하다.

아이들이 느끼는 시간은 어른이 느끼는 것과 다르기 때문에 가령, 여섯 살 아이를 30분씩 세워놓아 벌을 주는 것은 아이에게는 아주 가혹한 형벌이다. 여섯 살 아이가 느끼는 30분은 우리 성인이 느끼는 30분과는 다르기 때문이다.

어떤 행동을 할 때 타임아웃을 받게 되는가

아이가 어떤 행동을 하면 타임아웃을 받게 되는지 부모와 아이가 정확하게 알고 있어야 한다. 부부가 함께 상의하여 절대 용납할 수 없는 아이의 행동 리스트를 적어 규칙을 정한다.

예를 들어 집에서 욕을 하거나 때리는 것은 용납되지 않는다는 규칙을 정했다면 "앞으로 우리 집에서는 누구라도 욕을 하거나 남을 때리는 것은 절대로 안 돼. 욕을 하거나 때리는 사람은 그 즉시 타임아웃을 받게 될 거야. 타임아웃을 받으면 이 나무 의자에 혼자 조용히 움직이지 않고 앉아 있어야 해. 엄마나 아빠가 '이제 됐어'라고 말하기 전까지는 가만히 자신의 잘못을 반성하는데, 만약 타임아웃을 거부하거나 조용히 하지 않고 떠들고 시간이 끝나기 전에 움직인다면 그 시간만큼 추가로 타임아웃을 더 오래 받아야 해"라고 설명하여 아이에게 규칙을 이야기해준다.

적절한 사전 설명 없이 갑자기 아이에게 타임아웃을 주게 되면 아이는 영문을 몰라 혼란스러워하고 반항을 하거나 억울하게 느낄 수 있다.

어떤 행동을 하면 타임아웃을 받고 어떨 때는 받지 않는지 아이와 부모가 정확히 알도록 함께 규칙을 정하는 것은 중요하다. 잘못할 때마다 구분 없이 타임아웃을 하게 하면 아이는 하루 종일 타임아웃에서 벗어나지 못할 것이기 때문이다. 부모에게 말대꾸를 하거나 형제와 치고박고 싸우면 타임아웃을 받지만 심부름을 하지 않거나 방을 치우지 않을 경우에는 타임아웃을 주지 않는 등 가족의 분위기에 맞는 규칙을 정하여 그에 따르도록 한다.

경고를 받고도 행동이 변하지 않는다면

아이가 문제행동을 할 경우 한 번 경고를 준다. "욕을 하면 안 된다고 규칙을 세웠지. 다시 한 번 또 욕을 하면 그때는 타임아웃을 받아야 해"라고 하여 아이가 행동을 자제할 기회를 준다.

그러나 경고를 받고도 행동이 변화하지 않는다면 두 번째는 반드시 타임아웃을 준다. 이때는 아이가 아무리 울면서 잘못했다고 빌거나 "엄마 미워!" 등의 말을 하더라도 흔들림 없이 반드시 타임아웃을 실행에 옮긴다. 아이의 말에 마음 약해져서 "이번 한 번만 봐주는 거야" 하며 타임아웃을 주지 않고 그냥 넘어가게 되면 아이는 '내가 울거나 잘못했다고 빌면 엄마는 지난번처럼 그냥 넘어갈 거야' 라는 생각으로 매번 울음을 터뜨리는 울보가 되거나 떼를 써서 어떻게든 타임아웃을 피하려 고집을 피우는 떼쟁이가 된다.

말로는 타임아웃을 준다면서 실제 행동으로는 옮기지 않으면 아이는 그런 부모의 말을 신뢰하지 않게 되고 결국 문제행동은 나아지지 않는다. 따라서 한 번 경고한 후에는 반드시 타임아웃을 주어 아이가 규칙을 어기면 반드시 그 대가를 치른다는 것을 가르친다.

아이를 타임아웃 장소에 데리고 가서 앉힌 후 타임아웃을 받는 이유를 한 문장으로 간략하게 말해준다. "넌 욕을 했기 때문에 타임아웃을 받는 거야" "말로 하지 않고 남을 때렸기 때문에 타임아웃을 받는 거야"처럼 간단히 이유만 말한다.

"엄마가 아까 분명히 경고했지. 한 번만 더 그러면 타임아웃 준다고! 경고했는데도 네가 엄마 말을 무시하고 계속 욕을 해서 엄마도 타임아웃 주기 싫지만 어쩔 수 가 없다" 등과 같은 길고 복잡한 설명은 아이에게 혼란만 가져올 뿐이므로 피한다. 두 가지 이상의 잘못을 했다면 그중 절대 용납할 수 없는 한 가지만 선택하자.

타임아웃은 벌을 주는 것이 아니라 행동을 변화시킬 기회를 주는 것이다. 아이가 벌을 받는다는 느낌을 가지지 않도록 최대한 중립적인 목소리로 담담하게 말하는 것이 중요하다. 아이가 잘못을 저지르면 부모가 흥분하여 화를 내거나 호통을 치기 쉬운데 화를 내거나 야단을 치면 아이는 타임아웃을 부모로부터 벌을 받는 행위로 받아들이게 된다. 따라서 담담한 목소리로 조용히 말함으로써 부모가 벌주려는 것이 아니라 아이가 감정을 조절하도록 '도와' 주려는 것임을 알려줘야 한다.

이유를 말해준 후에는 바로 옆에서 지켜보거나 감시하거나 말을 시키지 말고 거리를 두고 떨어져서 하던 일을 하되, 아이를 관찰할 수 있는 곳에 있도록 한다. 형제가 싸워서 타임아웃을 줄 경우에는 아이들이 서로 얼굴을 마주하지 않도록 각각 따로 다른 장소에 앉힌다.

타임아웃 중에도 문제행동을 하는 아이에게는

아무것도 하지 않고 가만히 앉아 있는 것은 아이는 물론 어른들에게도 쉽지 않은 일이다. 어떤 아이들은 지루한 타임아웃 시간을 견디지 못하고 "엄마, 아직 멀었어요?" "몇 분이나 더 있어야 돼요?" 등과 같은 질문을 던진다.

이렇게 타임아웃 도중 아이가 중간에 일어나 질문을 하는 것을 방지하기 위해서는 타이머를 이용하는 것이 효과적이다. 타이머를 맞춰놓고 울릴 때까지 얌전히 앉아 있어야 한다고 아이에게 알려줌으로써 아이가 미리 끝나는 시간을 예상할 수 있도록 하는 것이다. 아이가 반항을 하거나 떼를 쓰면 타이머를 다시 처음 시작 시간으로 되돌려 원점부터 다시 시작한다. 아이가 의자에 앉아 벽을 발로 차면 역시 타이머를 다시 작동시키고 의자를 벽에서 떨어뜨려놓아 허공을 차도록 한다. 타이머를 다시 작동할 경우에는 아이를 쳐다보거나 말을 걸거나 야단치지 말고, 마치 아무것도 보이지 않고 들리지 않는 것처럼 완전히 아이의 행동을 무시한다.

타임아웃 도중 아이가 말을 걸고 부모가 대답을 하며 서로 대화를 하거나 아이가 발을 동동 구르거나 울고 떼를 쓰는 등의 문제행동을 보일 때 부모가 눈길을 주거나 야단을 치면 아이는 부모의 '관심'을 끌기 위해 그런 행동을 멈추려 하지 않게 된다. 아이는 관심을 얻어 벌받는 시간을 줄여보려 할 것이기 때문에 아이를 쳐다보지도 말고 말도 걸지 말고 아이 말에 대답도 하지 말고 그대로 내버려 둔다.

타임아웃 동안에는 무슨 행동을 해도 부모의 관심을 받을 수 없다는 것을 깨달은 아이는 결국 포기하고 조용히 앉아있게 된다.

아이 스스로 감정을 조절할 수 있는 기회

타임아웃 시간이 끝났으면 아이에게 다가가서 무엇 때문에 타임아웃을 받았는지 알려주고 아이로부터 바른 행동을 하겠다는 약속을 받아낸 후 제자리로 돌아오게 한다.

"다음에 또 그러면 아주 혼날 줄 알아"라고 으름장을 놓거나 야단치지 말고 아이를 꼭 안아주어 아이가 부모의 사랑을 느끼도록 한다. 아이가 타임아웃을 받는 동안에는 얌전했지만 타임아웃이 끝난 후 화를 내거나 짜증을 내더라도 이미 잘못에 대한 대가를 치렀으므로 "너 때문에 엄마 못 살겠다. 도대체 넌 언제 제대로 행동을 할 거니" 하며 화를 내거나 "아까 욕 한 건 네가 정말 잘못한 거야. 다시 한 번 그러면 또 벌받을 줄 알아. 엄마 말 알았어?" 하며 다시 야단을 치는 것은 금물이다. 타임아웃을 이미 받은 아이에게 또다시 타임아웃을 주게 되면 아이는 반성을 하지 않고 분노를 느끼게 되기 때문이다.

타임아웃이 손들고 무릎 꿇기 등의 훈육법과 다른 점은 아이를 '나쁜 아이'로 정의 내리는 벌칙이 아니라는 것이다. 잘못을 한 아이에게 벌을 주는 것이 아니라 다만 아이에게 스스로 감정을 조절할 수 있는 기회를 준다는 점에서 가장 큰 차이가 있다.

문제행동을 고치려 부모가 화를 내고 야단을 치거나 소리를 지르고 아이를 때리게 되면 아이에게 씻을 수 없는 육체적, 정신적인 상처를 줄 수 있다. 하지만 타임아웃은 부모와 아이가 모두 이러한 감정 폭발에서 자유로울 수 있다는 점에서 특히 효과적이다.

타임아웃의 가장 큰 장점은 바로 아이뿐만 아니라 부모도 유용하게 사용할 수 있다는 것이다. 때로는 어른들도 타임아웃이 필요하다는 것을 알려주자. 가령 엄마가 너무 화가 나서 빨리 감정을 조절하지 않으면 소리를 지르거나 아이에게 화풀이할 것이 우려될 때 아이 앞에서 엄마가 타임아웃 의자를 꺼내어 앉거나 타임아웃 장소로 가서 조용히 앉아 있는 모습을 보여 준다.

아이가 와서 말을 걸 경우 "엄마가 지금은 타임아웃 중이라서 너와 말을 할 수 없어. 타임아웃이 끝나면 엄마가 알려줄게. 그때까지 기다려"라고 말한다. 엄마가 직접 실행하는 모습을 보며 아이도 자연스럽게 규칙을 따르도록 한다.

한편 타임아웃은 아이가 점점 커갈수록 효력이 떨어질 수 있으므로 적절히 시기에 맞춰 규칙을 다시 세우고 타임아웃 시간을 늘리는 등 변화를 줄 필요가 있다.

집 밖에서 문제행동을 할 때

집이 아닌 다른 곳에서 아이가 잘못된 행동을 할 경우 역시 타임아웃 주는 것을 망설이지 말아야 한다. 같은 행동을 해도 집에서는 타임아웃을 받지만 밖에서는 아무런 제재를 받지 않는다면 아이는 밖에서는 아무렇게나 행동해도 상관없다고 생각하고 문제행동을 멈추지 않게 된다.

다른 사람들의 이목이 두려워 혹은 부모가 민망하고 창피한 마음에 아이의 행동을 그대로 두면 집 밖에서는 컨트롤할 수 없는 아이가 된다. 아이에게 소리를 지르거나 엉덩이를 때리는 등 부모가 쩔쩔매는 모습을 보이는 것보다는 주변 사람들에게 "지금 아이 잘못을 바로잡으려고 하는 중이니 양해해 주십시

오"라고 하면 대부분의 사람들은 부모의 의사를 존중해준다. 그러나 도리어 아이를 내버려 두거나 소리를 지르는 것으로 대처하면 주변 사람들도 혀를 차거나 짜증스러운 눈길로 바라본다.

밖에서 타임아웃을 줄 때는 가령 차 안에 앉히고 아이가 타임아웃을 가지며 반성하는 시간을 가지는 사이 부모가 차 밖에서 기다리거나, 사람이 좀 드문 구석에 가서 아이를 벽에 세우거나 바닥에 앉게 할 수도 있다. 사람이 많은 곳에서 벌을 주게 되면 아이는 창피함과 수치심을 가질 수 있으니 주의한다.

달리는 차 안에서 아이가 말을 안 듣거나 문제행동을 할 경우에는 차를 잠깐 세워 아이가 타임아웃을 가지도록 한다. "네가 감정 조절이 되지 않아 진정할 시간이 필요한 것 같으니 그때까지 차를 멈추겠다. 마음이 진정되고 잘못을 반성하는 마음이 들면 그때 다시 출발하자"고 말한다.

만약 엄마 혼자서 여러 명의 아이를 데리고 외출하여 한 아이만 데리고 나가 타임아웃을 줄 수 없거나 다른 어떠한 이유로 그 자리에서 타임아웃을 줄 수 없는 상황이라면 "집에 가자마자 타임아웃을 받아야 한다"고 말하는 것도 방법이다. 이때 중요한 것은 아이에게 이렇게 말했을 경우에는 반드시 실행에 옮겨야 한다는 점이다. 집에 가서 타임아웃을 주겠다고 했지만 집에 도착해서는 '오늘은 그냥 넘어가자'고 하거나 타임아웃 주는 것을 부모가 잊어버리게 되면 아이는 '때에 따라서는 넘어갈 수도 있다'는 것을 배우게 된다.

'혜택 제거 테크닉'도 효과적이다

모든 아이들이 순순히 벌을 받으려 하지는 않는다. 유아나 미취학 아동은 부모가 아이를 직접 데리고 가거나 들어올려 장소 이동을 시킬 수 있지만 어느 정도 나이가 들어 체구가 큰 아이들일 경우에는 물리적인 강압을 행할 경우 몸싸움이 될 수 있다. 그렇게 되면 부모는 아이 앞에서 쩔쩔매는 힘없는 모습을 보이게 되고, 부모가 아이에게 벌을 주는 것이 아니라 도리어 아이가 부모에게 벌주는 셈이 된다.

이럴 경우에는 아이가 누리는 혜택에서 한 가지를 제거하는 '혜택 제거 테크닉'을 사용해보자. 잠자기 직전 잠자리 준비에 영향을 줄 수 있는 타임아웃 대신으로도 좋다.

가족심리학자인 존 로즈몬드가 개발한 것으로 종이를 적당히 잘라 평소에 아이가 좋아하는 것을 종이 위에 적는다. 예를 들면 '텔레비전 시청' '자전거 타기' 등과 같이 아이가 평소에 즐기는 것이 '혜택'이 된다. 각각의 종이에 혜택을 적어 넣은 후 나머지 한 장의 종이 위에는 '통과'라고 쓴다. 아이와 함께 종이를 채우는 작업을 한 다음 종이를 냉장고 문이나 벽 등 잘 보이는 곳에 붙인다. 그리고 아이에게 앞으로 타임아웃을 지키지 않을 경우에는 이 종이 중 한 가지를 골라 혜택을 제거하는 벌을 받게 될 것이며 어느 것을 고를지는 전적으로 부모에게 달려 있다는 것을 말해준다.

아이가 타임아웃을 거부한다면 '혜택 제거 테크닉'을 써야 할 때다. 종이를 붙여놓은 곳에 가서 '통과'라고 써진 종이를 떼어온다. 마치 심판이 반칙한 선수에게 경고 카드를 보이듯 아이에게 종이를 보여준다. '통과' 종이는 일종의 경고 카드인 셈이다. 그리고 아이에게 단호하게 말한다.

"오늘은 처음이니까 엄마가 '통과' 카드를 집었지만 다음에 또 이렇게 벌받는 것을 피하려 들면 그때는 다른 종이 중에 한 장을 골라서 혜택을 제거할 테니까 그런 줄 알고 있어"라고 한다. 그러면 아이는 안도의 한숨을 쉬면서 다음부터는 행동을 조심하려 노력하게 되고 타임아웃을 받더라도 순순히 순응하는 태도를 취하게 된다.

부모에게
맞고 자란
아이는

 내가 치료를 담당했던 중 가장 기억에 남는 아이는 바로 아홉 살짜리 엔젤이다. 내가 엔젤을 특히 더 잘 기억하는 이유는 아이와의 첫 만남이 예사롭지 않았기 때문이다.

 첫 상담이 있었던 날, 나는 여느 때와 다름없이 대기실에서 첫 인사를 나눈 후 아이를 상담실로 안내했다. 복도를 지나 상담실 문 앞에 도착하자 엔젤은 갑자기 자신의 바지에서 허리띠를 풀더니 상담실 문을 열고 들어가는 나의 등 뒤를 휘갈겨 내리치는 것이 아닌가. 나는 무척 당황했지만 한편으로는 이 아이의 마음에 어떤 아픔이 있기에 낯선 사람에게 허리띠를 휘두르는 걸까 하는 생각에 마음 한구석이 저려왔다.

엔젤은 예상했던 대로 폭력 가정에서 자란 아이였다. 두 살 때부터 아빠에게 허리띠로 맞고 자란 아이는 마음에 들지 않는 사람을 보면 허리띠를 꺼내 휘두르며 폭력적인 행동을 보였다. 학교의 반 친구들은 물론 선생님에게도 허리띠를 휘둘렀고 교장실에 불려가서도 물건을 던지며 난동을 부렸다. 손에 잡히는 대로 물건을 잡아 던지는 폭력적인 행동을 멈추기 위해 급기야는 경찰까지 동원되었지만 엔젤은 멈추지 않았다.

엔젤의 담임 선생님에게 이 이야기를 전해듣고 나서야 첫 만남에 나에게 허리띠를 휘두른 아이의 마음을 이해할 수 있었다. 아이의 눈에 나는 또 다른 두려움의 대상일 뿐이었다.

아이는 때리면서 키워야 제대로 큰다는 사람들도 있고 때리지 말고 다른 방법으로 야단을 쳐야 한다는 사람들도 있다. 아이에게 소위 '사랑의 매'를 들어야 한다고 주장하는 사람들은 맞고 자란 아이들이 부모 무서운 줄 알고 올바르게 큰다고 주장한다. 반면 때리는 것을 반대하는 사람들은 맞아서 몸에 생긴 상처는 아물지만 마음에 생긴 상처는 평생을 간다고 말한다.

요즘에는 아이의 잘못을 바로 잡기 위해 갈기갈기 찢어지는 마음을 참고 종아리에 '사랑의 매'를 내리치며 눈물을 흘리는 부모의 모습을 찾아보기 힘들다. 실제 많은 부모들이 아이의 행동에 대해 스스로 감정을 주체하지 못하고 분노와 당황스러움, 혹은 화풀이로 아이를 때린다.

문제는 아이를 때릴수록 부모의 이러한 감정이 진정되는 것이 아니라 더 격해져 한번 격해진 감정은 통제하기가 어렵다는 것이다. 감정이 극도로 상할 경우에는 부모가 의도하지 않게 아이의 몸에 상처를 낼 수도 있다. 또한 아이를 때린 후에는 부모와 아이 모두 정신적 상처에 시달리게 되어 맞은 아이의 기분이 좋지 않은 것은 물론 부모 또한 아이를 때린 것을 후회하며 죄책감에 시달리게 된다.

체벌이 효과가 있습니까?

아이에게 체벌을 가하여 야단을 치는 부모들에게 "이 방법이 효과가 있습니까?"라고 물으면 "그때뿐"이라고 대답한다.

처음에는 회초리로 손바닥을 때려야 말을 듣던 아이가 시간이 지날수록 회초리에는 별다른 반응을 보이지 않게 된다. 그 다음에는 손으로 아이의 엉덩이를 때려야 말을 듣고, 또 시간이 흐르면 그보다 더 심한 강도의 체벌을 가해야 말을 들어 체벌의 강도가 점점 커지게 된다.

사람에게는 외부의 자극에 적응하는 면역력이 있기 때문에 오랜 시간에 걸쳐 반복적인 자극이 주어지면 점점 그 자극에 무뎌져서 이전의 자극은 효력을 잃고 더 큰 강도의 자극이 주어져야 반응을 하게 되는 것이다. 때문에 체벌은 강도가 점점 강해져야 효력이 생긴다.

이 외에도 아이를 때리는 것은 여러 가지 부작용을 가져올 수 있다. 부모가 때리는 것을 보거나 맞고 자란 아이는 부모의 행동을 그대로 모방하고 학습하여 공격적인 성향을 가지게 된다. 아이가 문제행동을 할 때마다 부모가 때리는 것으로 해결하게 되면 아이 역시 문제 해결법으로 폭력을 사용하는 것만 배우게 된다. 당연히 다른 대인관계에서 문제가 있을 때마다 똑같이 때리는 것으로 해결을 하려 들게 된다. 부모는 아이를 때림으로써 아이에게 '때리는 것은 괜찮다'는 가르침을 주게 되고 아이는 이를 답습하게 되어 자식과 배우자에게 쉽게 폭력을 휘두르는 남편이나 아내가 된다. 대개의 경우 가정폭력은 대물림된다.

그러나 만약 부모가 문제를 해결하는 방법으로 대화를 하고 논리적으로 이야기를 하며 서로의 차이점을 인정하고 협조하고 양보하는 모습을 보인다면 아이는 이러한 기술을 그대로 물려받아 문제에 맞닥뜨려도 대화로 풀려는 태도를 갖게 된다. 부모가 말로는 아이에게 "남을 때리는 건 절대 안 돼! 말로 해"라고 하면서 아이가 말을 안 듣거나 말썽을 피울 때 아이를 때린다면 말과 행동이 일치하지 않는 것이 옳다는 메시지를 전하는 셈이 된다.

맞고 자란 아이는 또한 부모에게 반항심과 적개심, 두려움을 가지게 된다. 아이가 잘못할 때 때리면 아이가 하던 행동을 멈추기 때문에 그 순간에는 당장 효과가 있는 것처럼 보인다. 하지만 이는 아이가 스스로 깨달아서 행동을 고치는 것이 아니라 부모의 강압과 협박에 의해 두려움을 느껴 억제하는 것이므로, 아이는 자발적인 협조가 아니라 마지못해 하는 수동적인 복종을 보이는 것이다.

이럴 경우 아이는 자신의 잘못을 깨닫지 못한 상태에서 마음에도 없는 복종을 하므로 마음속으로 억울함과 부모에 대한 심리적 거리감을 가진다. 또한 아이는 맞은 것에만 억울한 마음을 가져 정작 자신의 잘못된 행동은 잊고 부모를 원망하는 마음만 커진다. 이러한 흐름이 지속되면 사춘기에 접어들면서 부모에게 반항하는 아이가 될 수 있다.

아이를 때리는 것은 협조가 아니라 무조건적인 복종을 요구하는 행위다. 아이를 때린다고 문제의 근본 원인, 즉 아이의 마음이 고쳐지는 것이 아니라 오히려 오랜 시간 문제행동이 지속될 우려가 있다. 아이는 부모에게 맞을 것이 두려워 부모 앞에서는 잘못된 행동을 하지 않으려 애쓰지만 부모가 보지 않을 때에는 몰래 다시 행동을 반복하고 부모에게 들키지 않을 정도의 선에서 문제행동을 계속하게 된다. 그러나 아이의 협조를 얻게 되면 아이는 부모가 볼 때나 보지 않을 때 모두 스스로 옳은 결정을 내려 바른 행동을 하려고 노력한다.

체벌이 아닌 방법이 있다

학교에서 놀림을 받아 왕따 취급을 당하고 친구를 잘 사귀지 못해 클리닉을 찾은 열 살 폴은 다섯 살 아래인 여동생과 하루에도 몇 번씩 싸웠다. 싸울 때마다 울음을 터뜨리는 동생 때문에 폴은 혼자 모든 야단을 맞아야 했고 엄마에게 매일 혼자서만 맞았다. 폴은 맞는 것이 두려워 엄마 앞에서는 동생과 억지로 사이좋게 지내려고 했지만 엄마가 보지 않을 때나 옆에 없을 때는 "너만 아니었으면 내가 엄마한테 맞지 않았을 텐데 다 너 때문이야!" 하며 동생을 미워했고, 엄마 몰래 동생을 골탕 먹이려고 하거나 동생이 잘 때 옆에 가서 슬며시 꼬집기도 했다. 폴이 잘못을 할 때마다 엄마는 "너는 애가 왜 이 모양이니" "너만 없으면 우리 집은 아무 문제가 없을 텐데" "어떻게 된 아이가 하나부터 열까지 제대로 된 구석이 하나도 없어" 하며 매번 아이를 때렸다. 폴은 계속된 체벌로 자신감이 점점 떨어지며 모든 일에 의욕을 잃었다.

부모에게 맞는 아이는 폴의 사례와 같이 '나는 나쁜 아이다' '나는 말썽만 부리는 문제아다'와 같이 자책하며 스스로를 쓸모없고 가치 없는 존재로 받아들여 자신감을 잃게 된다.

동생과 싸울 때마다 신체적 체벌을 받아온 폴의 문제행동을 변화시키기 위해서는 먼저 엄마가 체벌을 멈추고 대신 새로운 훈육법을 적용해야 했다.

나는 폴의 어머니에게 아이가 잘못된 행동을 하더라도 절대 때리지 말라고 당부했다. 대신 "어떤 경우에도 다른 사람을 때리는 것은 절대 안 되며 네가 원하는 것을 말로 표현해라"라며 먼저 지켜야 할 규칙('때리는 것은 안 된다')을 아이에게 이야기해주고 다른 적절한 방법('말로 표현해라')을 알려주라고 말했다.

3주 후 상담실에 들어선 폴의 엄마는 얼굴에 함박웃음을 지으며 말했다. "어제 폴이 텔레비전으로 비디오 게임을 하고 있는데 동생이 옆에 오더니 말도 안하고 텔레비전 채널을 바꾸는 거예요. 보통 때 같았으면 폴이 주먹질을 하면서 달려들어 동생을 때렸을 텐데, 글쎄 이렇게 말을 하더라고요. '엄마가 어떤 경우에서든 다른 사람을 때리는 건 절대 안 된다고 했어. 아빠도 때리는 건 세상에서 가장 나쁜 행동이라고 했어. 그러니까 난 때리지 않고 조용히 말로 할 거야. 5분 후면 게임이 끝나. 그때까지만 기다려주면 텔레비전을 볼 수 있게 해 줄게'라고 말이에요. 우리 폴이 이렇게 의젓한 줄 예전엔 미처 몰랐지 뭐예요."

스스로 옳은 결정을 내리는 아이로 키우려면

맞고 자란 아이는 스스로 자신의 행동을 통제하는 것이 아니라 외부 요소, 즉 부모가 때리는지 아닌지에 의해 좌지우지되는 성향을 가지게 된다. 심리학자인 마이클 마셜 박사는 부모에게 맞고 자란 아이는 바른 행동을 하면 좋은 결과가 따라올 것이라고 생각하여 스스로 바른 행동을 하는 것이 아니라 단지 부모의 체벌을 피하기 위해서 바른 행동을 하게 된다고 말한다. 아이를 때리는 것은 아이에게, '바른 행동을 해라. 맞기 싫으면!'이라는 메시지를 전달한다는 것이다.

오직 '부모에게 맞을 일이냐, 맞지 않을 일이냐'가 주된 목적이 되어버리기 때문에 아이는 맞는 것을 피하기 위해서 잘못을 들키지 않으려고 거짓말을 하거나 부모의 눈을 속이려 하고, 잘못이 드러나 맞게 되어도 반항을 하거나 반성을 하지 않는 등 문제행동을 보이게 된다.

폴 역시 처음에는 단지 엄마에게 맞지 않기 위해 동생과의 싸움을 피했고 동생을 때리다가 엄마에게 들키면 들킨 것을 억울해하며 화를 내고 대들었지만 체벌이 아닌 다른 방법을 통해 올바른 행동을 배운 후에는 부모가 자리를 비우더라도 동생을 때리지 않고 스스로 생각하여 옳은 결정을 내릴줄 아는 아이가 되었다.

심리학자들은 아이에게 체벌을 가하는 것을 종종 흡연에 비유하곤 한다. 하루에 몇 갑씩 평생 담배를 피웠어도 아무런 부작용 없이 건강하게 사는 사람이 있는 반면 하루 한 개비만 피웠어도 젊어서 폐암에 걸리는 사람이 있듯 맞고 자라도 반듯하게 성장하는 아이가 있는가 하면 반대로 평생 마음에 상처를 가지고 사는 사람도 있다는 것이다.

심각한 부작용을 가져 올 수 있는 체벌과 직접적으로 아이를 때리지 않고도 아이의 문제행동을 바로 잡을 수 있는 방법이 있다면 이 중 어느 방법을 선택할 것인가는 부모에게 달려 있다.

무조건 사랑하되 칭찬은 조건적으로

아이의 마음을 공감해주는 부모

부모와 아이가 함께 어떻게 놀이를 하는지, 놀이를 하며 어떤 대화를 나누는지를 살펴보면 부모 자녀 간의 심리를 알 수 있다. 아이와의 놀이에 서툰 부모들에게 반드시 언급하는 다섯 가지 기본 원칙이 있는데, 기술은 조금 부족하더라도 이 원칙만 잘 기억한다면 이전보다 훨씬 아이와 잘 대화할 수 있게 될 것이다.

첫째,
반응 - 아이의 정서적 필요(니즈)에 매 순간 반응하기

사람은 누구나 사랑받고 싶은 욕구가 있으며 태어나면

서부터 아이는 자신이 사랑받고 있다는 것을 매 순간 확인하고 싶어한다. 부모가 나를 사랑한다는 것을 느낄 때 아이는 스스로 '나는 가치 있는 사람이구나' 하는 안도감과 안전함을 느낀다. 그러나 이런 정서적 욕구가 충분히 채워지지 않으면 아이는 불안함을 느끼며 '나는 사랑받지 못하는 사람이구나' '나는 가치 없는 사람이구나'라는 생각을 하게 된다. 따라서 아이가 놀이를 통해 마음을 표현할 때, "엄마, 이것 좀 봐" 하며 엄마의 애정을 확인하고 싶어할 때 매 순간 아이의 말과 행동에 부모가 진심어린 관심을 보이며 반응을 하는 것이 매우 중요하다.

둘째,
충만감 - 아이의 마음을 읽어주고 공감하여 필요를 충족시키기

사람은 누구나 내 마음을 잘 이해해주는 사람을 원한다. 이 세상에서 우리 엄마가 내 말을 가장 잘 들어주고 우리 아빠가 내 마음을 가장 잘 이해해준다고 느끼는 아이는 정서적으로 매우 안정감을 느낀다.

"인형을 때리는 걸 보니 화가 났나 보구나" "그림이 마음대로 잘 안 그려져서 답답한가 보구나" "장난감이 부서져서 속상하겠구나"와 같은 말로 아이가 미처 다 표현하지 못하는 마음을 그때그때 부모가 대신 읽어주고 마음을 공감해준다면 아이는 정서적 충만감을 가지게 된다.

셋째,
섬김 - 놀이를 리드하는 것이 아니라 아이의 뒤를 따라가기

아이의 놀이를 지켜보며 생각을 물어보는 부모가 있는가 하면 "그건 이제 그만하고 우리 이걸 한번 해보자"하며 놀이를 주도하려는 부모도 있다. 전자는 아이가 놀이를 리드하는 것이고 후자는 부모가 놀이를 리드하는 경우이다. 놀이를 잘 하지 못하는 아이를 대신해 부모인 내가 앞에서 이끌어주고 가르쳐 주어야 한다고 생각하는 순간 그건 더 이상 아이의 놀이가 아니다. 놀이를 할 때는 아이가 앞에서 놀이 방향을 이끄는 리더가 되고 부모는 아이가 이끄는 대로 뒤에서 따라가며 섬기는 추종자가 되는 것이 가장 이상적이다. 놀이는 아이의 언어이며 이 언어를 가장 잘 구사할 수 있는 사람 또한 아이이기 때문이다.

넷째,
객관성 - 추상적인 질문을 던지기 보다는 아이의 행동을 객관적으로 묘사하기

놀이를 할 때 많은 부모들이 아이에게 "여기 이 빨간 건 뭐야?" "이 코끼리는 왜 하늘에 떠 있어?" 하며 질문을 계속해서 퍼붓는다. 놀이를 통해 마음을 표현하고 있는 아이 입장에서는 옆에서 자꾸 이것저것 물어보는 것이 귀찮게 느껴질 수 있다.

내 생각을 표현하고 있을 때 옆에서 "왜 그렇게 생각해?" "그건 왜 그런 거야?" 하며 자꾸 질문을 던진다면 어떨까. 생각의 흐름이 끊기기도 하고 일일이 대답해주기도 번거로울 것이다. 아이에게 질문을 던지는 부모들도 사실 궁금해서 물어보는 것이 아니라 딱히 달리 무슨 말을 해야 할지 몰라 그러는 경우가 많다. 놀이를 할 때는 아이가 하는 행동 그대로를 마치 중계하듯이 객관적으로 묘사해주는 것이 좋다. "여기 이건 굉장히 빨갛네" "코끼리가 하늘에 떠 있구나"와 같은 객관적 묘사는 아이가 자유롭게 마음을 표현하도록 돕는다.

다섯째,

포용력 - 아이의 행동을 제지하는 것이 아니라 모두 수용하고 받아주기

아이가 하는 놀이나 행동이 눈에 거슬려서 부모가 옳다고 생각하는 대로 고쳐주고 싶은 마음이 든다면 나에게 왜 이런 마음이 드는지 스스로에게 물어보라. 매번 똑같은 인형 하나만 가지고 노는 아이를 보며 다른 인형도 모두 가지고 놀아야 한다고 생각한다면, 그 이유는 부모가 여러 개의 인형을 사준 보람을 느끼기 위해서인가? 아이가 그린 사람 얼굴에 입이 없다고 해서 "이 사람은 왜 입이 없어? 입도 그려야지"라며 그림을 고치도록 요구한다면, 아이가 사람 얼굴에 있는 입을 깨닫지 못할까봐 걱정해서인가?

즉 아이가 놀이를 하는 도중에 자꾸 지적하는 일은 아이를 위해서가 아닌, 부모만의 생각에서 비롯되는 것이다. 부모가 모든 것을 수용하고 받아주며 포용할 때 아이는 마음껏 생각을 표출할 수 있다.

부모
마음 속의
'칭찬 상자'

미국에서 아동심리치료사와 가족치료사로 일하면서 다양한 인종과 계층의 아이들 그리고 부모들을 만났다. 내가 만난 가족들의 99퍼센트는 백인, 흑인, 그리고 히스패닉인들이었다. 상담 일을 시작하기 전에는 이들과 전혀 다른 문화 속에서 자란 내가 과연 얼마만큼 도움을 줄 수 있을까 하는 의구심이 들었다.

이들의 문화와 가족구조를 모르는 내가 어떻게 도움을 줄 수 있으며 이들도 자신들의 문화를 모르는 나에게 쉽사리 상담치료를 받으려 할까 하는 걱정도 들었다. 하지만 나의 이 모든 생각이 기우에 지나지 않았다는 것을 깨닫는 데는 하루도 채 걸리지 않았다.

정신상담이나 심리치료를 받으러 오는 가족들은 각기 다른 이유로 클리닉을 찾아오지만 어떤 인종과 계층인지에 상관없이 이들 모두에게 공통적으로 나타나는 점이 있었다.

바로 자식에 대한 부모의 사랑은 인종과 계층을 막론하고 모두 똑같다는 것, 그리고 아이의 행동은 부모의 영향을 받아 나타나는 결과라는 것이었다.

부모는 언어와 행동을 통해 아이에게 감정을 전달하고 아이는 부모의 모습을 보면서 마치 스펀지가 물을 빨아들이듯 그대로 흡수하고 받아들인다. 부모의 말 한 마디와 행동 하나에 따라 아이가 기쁨을 느끼기도 하고 반대로 상처를 받기도 하는 걸 보면서 부모와 자녀의 관계는 세계 어디에서든지 모두 같음을 보았다.

상담을 하면서 부모와 자녀의 관계가 어떤지 알아보기 위해 역할놀이를 하기도 한다. 엄마가 아이 역할을 맡고 아이가 엄마가 되어보는 것이다. 역할놀이를 하면 엄마는 대개 부모 말을 듣지 않는 아이를 흉내 내고, 아이는 평소 자신의 눈에 비친 엄마나 아빠의 모습을 표현한다. 이때 아이를 잘 관찰해보면 부모가 칭찬을 하거나 야단을 치는 모습을 재현할 때가 많다. "자 엄마 말 안 들었으니까 맴매해야 돼" "아빠 말 잘 들어야 착한 아이지" 등 아이가 부모로부터 들었던 칭찬과 꾸중의 말을 그대로 옮긴다. 역할놀이를 볼 때마다 나는 부모의 칭찬과 꾸중이 자녀와의 관계에 얼마나 지대한 영향을 끼치는지 실감한다.

지금도 그렇지만 나 역시 어렸을 때는 칭찬받는 것이 무척 좋았다. 삼 남매 중 둘째로 태어난 나는 집안의 첫째로 부모님의 기대를 한 몸에 받는 언니와 집안의 외아들로 엄마의 사랑을 독차지하는 남동생 사이에서 어떻게든 관심을 얻어보려 애썼다. 특히 착한 행동을 해서 칭찬을 듣는 것으로 엄마의 인정을 받으려 했다. 엄마가 부엌에서 "누가 두부 좀 사 올래?" 하고 외치실 때마다 나는 "제가 사 올게요, 엄마!" 하며 방에서 뛰쳐나가곤 했다. 심부름으로 받는 용돈보다 "우리 진아는 심부름을 너무 잘 해"라는 칭찬을 받는 것이 더 좋았다.

칭찬은 부모가 아이와 의사소통을 하는데 있어 가장 좋은 도구이다. 칭찬을 왜 하느냐는 질문에 부모들은 '아이에게 자신감을 불어넣기 위해' '칭찬받으면 다음에 더 잘 할 테니까' '부모가 자랑스러워한다는 것을 알리려고' '아이에게 좋은 부모가 되고 싶어서' '기분 좋으라고' 등과 같은 대답을 한다.

무조건적인 칭찬은 위험하다

칭찬은 받는 이의 기분을 좋게 만들고, 그 사람의 마음까지 움직이는 강력한 힘을 가지고 있다. 그러나 비록 부모가 아이에게 사랑을 표현하려 칭찬한다 할지라도 아이에 대한 무조건적 사랑을 무조건적 칭찬으로 표현하는 것은 위험할 수 있다. 아이는 무조건적으로 사랑하되, 칭찬은 조건적으로 해야 한다.

딜런이라는 여섯 살 아이가 있었다. 딜런의 부모는 시도 때도 없이 새로운 장난감을 사주었고 딜런은 하루 종일 수십 가지의 장난감 속에 파묻혀 놀았다. 엄마와 아빠는 비싸고 좋은 장난감을 사주는 것으로 사랑을 표현했고, 딜런이 새 장난감을 받아들고 좋아하는 모습을 볼 때마다 부모 노릇을 잘 하고 있다는 생각에 흐뭇해졌다.

그러나 어느덧 딜런은 장난감을 새로 사주어도 감사할 줄 모르게 되었고 "감사합니다"라는 말보다 "이게 뭐야? 이거 말고 저거 사달라니까" 하며 불평을 늘어놓았다. 장난감을 산 지 채 며칠도 되지 않아 또 다른 장난감을 사달라고 조르는 욕심 많은 아이가 되었다. 게다가 장난감이 지나치게 많다 보니 한 가지에 집중하여 놀지 못하고, 이것 가지고 놀다가 금방 싫증 내고 저것 가지고 놀다가 내팽개치는 등 주의가 산만한 아이가 되고 말았다.

아이들에게는 신체와 두뇌의 발달 상황에 맞게 사고력과 상상력을 적절히 자극해줄 장난감이 필요하다. 하지만 딜런의 경우에는 매일 수십 가지의 장난감에 둘러싸여 필요 이상의 자극을 받고 있었다. 우선 과도한 자극을 줄이는 것이 가장 좋은 처방이었다. 나는 딜런에게 제일 좋아하는 장난감 열 개만 고르게 한 후 부모에게는 나머지 장난감을 모두 상자에 담아 벽장 안에 넣어둘 것을 권했다. 그리고 딜런이 칭찬받을 만한 말과 행동을 하면 그때마다 벽장 안에서 장난감을 하나씩 꺼내어 돌려주도록 했다. 벽장 안에 숨겨진 장난감을 달라고 떼쓰지 않을까 하는 부모의 걱정과는 달리 딜런은 몇 개의 장난감만 가지고도 하루 종일 신나게 놀았고, 오히려 한 가지 장난감을 가지고 노는 시간이 길어지면서 집중력이 향상되었다. 올바른 행동을 할 때마다 부모님이 벽장 안 상자에서 장난감을 하나씩 꺼내주자 딜런은 예전에 거들떠보지도 않던 장난감들을 소중히 여기게 되었고 부모님께 감사하는 마음을 느꼈다.

부모가 좋은 장난감을 끊임없이 사주게 되면 아이는 장난감 하나하나의 소중한 가치를 모르고, 부모를 '당연히' 장난감을 사주는 사람쯤으로 여기게 된다. 칭찬도 마찬가지다. 아무리 좋은 칭찬이라도 과도하게 아이에게 퍼붓게 되면 아이는 칭찬이 가지고 있는 소중한 의미를 깨닫지 못하고 칭찬이 주는 자랑스러움과 흐뭇함에 점점 무뎌지면서 결국 부모의 칭찬을 건성으로 듣게 된다.

벽장에 넣어둔 상자 안에서 적절한 판단 아래 장난감을 하나씩 꺼내어 아이에게 주듯 부모의 마음 속에 '칭찬 상자'를 하나씩 넣어두고 적절할 때마다 한 마디씩 칭찬의 말을 꺼내어 아이에게 선물해보자. 아이는 부모가 선물하는 칭찬 한 마디에 얼굴이 환해지며 스스로 자랑스러워하고 부모의 사랑에 감사하는 마음을 가지게 될 것이다.

'칭찬중독'에 빠진 아이들

어른들과 달리 아이들은 자신의 생각을 말로 표현하는 능력이 부족하다. 따라서 클리닉에서는 아이들과의 대화를 위한 각종 장난감과 게임 도구를 활용한 놀이를 통해 아이가 속마음을 표현하도록 돕는다. 크레용과 색연필, 스케치북과 같은 그림도구부터 컬러 찰흙, 소꿉놀이 세트, 병정놀이 세트, 자동차, 동물 인형, 체스와 카드, 그리고 보드게임까지 여러 종류의 장난감이 치료에 사용된다. 이런 장난감만 있다면 클리닉이 아니라 집에서도 충분히 아이의 속마음을 살펴볼 수 있다.

 아이의 마음을 읽어주면 아이는 자신이 왜 이런 행동을 하고 있는지 감정과 행동의 관계를 이해하게 된다.

그림 그리기는 아이의 생각을 눈으로 볼 수 있어 더없이 효과적인 도구다. 아이에게 가족, 나무 등 머릿속에 떠오르는 어떤 것이든 그려보라고 하거나 자신이 동물이라면 무슨 동물일까를 상상하며 자기와 비슷한 동물을 그려보라고 하는 것도 좋다. 가족을 그려보라고 하면 아이는 자신의 눈에 비친 엄마, 아빠, 형제, 자매의 모습을 그리기 때문에 아이의 시각에서 바라본 가족과 가족에 대한 아이의 마음을 읽을 수 있다.

엄마 아빠와 사이좋게 손잡고 밝게 웃고 있는 자신을 그리는 아이도 있지만 상담치료를 위해 만나는 아이들은 그렇지 않은 경우가 더 많다.

클리닉을 찾아온 제레미의 그림에서는 다른 가족들은 모두 집 앞에 서 있는데 아빠가 빠져 있었다.

"이 그림 속에서 아빠는 어디에서 무얼 하고 계시는 걸까?"

"아빠요? 아빠는 집 안에서 혼자 몇 시간째 텔레비전을 보고 있어요."

그림 속의 집을 가리키며 제레미가 말했다. 제레미의 눈에 아빠는 퇴근 후 텔레비전에만 빠져 있는 모습으로 비친 것이었다. 이런 경우 가족들 간에 대화가 단절되어 있는 가정의 분위기를 간접적으로 알 수 있다. 그림은 아이의 눈에 아빠가 어떻게 비치는지, 엄마는 어떤 모습의 사람인지 등 아이가 가족들에게 느끼는 감정을 알 수 있게 해준다. 만약 가정에 문제가 있는 경우라면 아이가 상처를 받지 않도록 신경 쓰면서 그림을 통해 자연스럽게 대화를 이끌어낼 수도 있다.

칭찬을 듣지 못하면 불안한 아이

그림을 그려보라고 했을 때 유독 눈에 띄는 한 아이가 있었다. 대개의 아이들은 그림을 그려보라고 하면 열중해서 그림을 그리기 시작하는 반면, 해리는 그림을 그리기 전, 그리는 동안, 그리고 다 그리고 난 후에도 계속해서 질문을 퍼부었다.

"선생님, 무슨 색깔로 그려요?" "무슨 그림 그려요?" "나무가 너무 작은가요?" "빨간색 말고 주황색을 쓸 걸 그랬나요?" 하며 해리는 매 순간 스스로 결정을 하지 못하고 나에게서 일일이 확인을 받으려 했다.

이와 같이 혼자 생각해서 행동으로 옮기지 못하고 부모나 선생님 등 어른으로부터 괜찮다, 잘했다는 승인을 받아야 안심을 하는 아이는 '칭찬 중독'을 의심해 볼 수 있다.

아이가 그림을 그려 와서 엄마 앞에 내밀 때마다 잘했다고 칭찬해주거나 아이가 자신의 생각을 표현할 때마다 올바른 생각이라고 치켜세워주며 아이의 모든 말과 행동을 부모가 칭찬으로 마무리하려 들면 아이는 부모의 칭찬을 받지 않으면 한 순간도 견디지 못하는 칭찬 중독에 걸리게 된다.

'칭찬 중독증'이라고도 불리는 이런 증상을 보이는 아이들은 부모의 칭찬을 듣지 않으면 불안해하고 따라서 자신의 느낌이나 생각은 표현할 줄 모르며 오로지 부모가 좋아할 일인지 아닌지에만 관심을 기울인다.

이처럼 아이에게 무조건적 사랑을 표현하려고 부모가 과도한 칭찬을 하게 되면 그에 따른 부작용이 나타나게 된다. 쇼핑을 매일 하는 사람은 하루라도 쇼핑을 하지 않으면 불안해지는 쇼핑중독이 되고, 밤낮 구별 않고 매일같이 술을 마시는 사람은 술 없이는 단 한 순간도 못 사는 알코올중독자가 되듯이, 칭찬을 끝없이 과도하게 받고 자란 아이는 하는 것마다 칭찬을 받지 않으면 불안한 '칭찬 중독'의 위험에 빠지는 것이다.

칭찬 중독에 걸린 아이들의 경우 집에서는 아무 문제가 없는 듯 보이지만 학교에 들어가면 문제가 드러난다. 집에서는 부모의 모든 관심과 애정 속에서 하는 일마다 칭찬을 받지만 선생님의 관심을 독차지할 수 없는 학교에서는 아이가 집에서 받는 만큼의 관심을 받지 못하면서 심리적으로 어려움을 겪게 된다.

유치원이나 학교에 입학한 아이들에게 그림을 그리게 하면 칭찬 중독에 걸린 아이들과 그렇지 않은 아이들이 한눈에 구별된다. 칭찬 중독에 걸리지 않은 아이는 그림을 끝까지 혼자서 다 그린 후 스스로 뿌듯해한다. 그러나 칭찬 중독에 걸린 아이는 그림을 조금 그리다 말고 선생님이 칭찬해주길 기다리며 눈치를 보고 또 조금 그리다가 칭찬해주길 바라며 멈춘다. 그림을 어떻게 그려야 선생님이 좋아하며 나를 칭찬해주실까 하는 것에만 관심을 두어 아이 스스로 생각하는 법을 터득하지 못한 까닭이다.

하는 일마다 집에서 과도한 칭찬을 받은 아이는 이와 같이 집 밖에 나갔을 때 부모가 아닌 다른 사람들로부터도 똑같은 반응과 대우를 기대하게 된다. 아이가 처음으로 접하는 사회인 유치원이나 어린이집에서 그동안 부모로부터 받아왔던 만큼의 과도한 칭찬을 받지 못하는 것을 깨닫게 되는 순간 아이는 '어? 예전에는 이만큼만 하면 칭찬을 받았는데 왜 이제는 아무도 칭찬을 안 해주지?' 하는 마음에 불안해하며 자신감을 잃게 된다.

칭찬 중독에 걸린 아이들은 숙제를 하거나 그림을 그리고 무엇을 만드는 등 과제를 할 때 시작도 하기 전부터 부모나 교사의 생각을 묻는다. 이때 아이들이 원하는 것은 부모의 도움이 아니라 자기가 잘하고 있는지에 대한 부모의 의견이다. 또한 숙제가 담고 있는 내용보다는 겉으로 어떻게 보이는지에 대해서 더 많은 걱정을 하며 자기 자신의 성취와 업적보다는 부모의 인정과 승인을 더 중요시한다.

부모는 아이에게 무조건 칭찬을 많이 해주면 자신감 있는 아이로 자라날 거라고 생각하지만 결과는 이와 같이 정반대로 나타난다. 매사에 칭찬을 받고 자라난 아이는 시간이 흐를수록 칭찬 자체에 무감각해지게 되며, 혼자서는 자신감이 없고 불안하여 무슨 일이든지 다른 사람의 의견을 반드시 듣고 인정을 받아야 비로소 마음을 놓게 된다.

스스로의 생각과 판단을 가지고 자발적으로 모든 일에 접근하는 능동적인 '리더'leader가 되는 것이 아니라, 상대방이 어떤 반응을 보일지에 모든 신경을 곤두세우고 상대방의 의견과 생각에 맞춰 나의 행동을 결정하는 수동적인 '추종자'follower가 되는 것이다.

자신감은 말 그대로 스스로自를 믿는信 느낌感이다. 부모가 억지로 심어줄 수 있는 것이 아니라 아이가 스스로 할 수 있다는 마음을 가지도록 자녀를 믿고 내버려 두어야 생긴다. 부모가 건성으로 내뱉는 빈 껍데기뿐인 가짜 칭찬은 아이의 자신감을 키워줄 수 없다. 스스로 심부름을 잘 했을 때, 공부를 열심히 해서 시험을 잘 봤을 때, 싸운 친구와 화해했을 때, 기분 좋게 동생을 돌봐주었을 때 등 자신이 스스로 노력하여 얻은 결과에 보람을 느끼면서 비로소 자신감을 얻게 된다.

칭찬이
독이 될 때

칭찬은 무조건 많이 하는 것이 좋다고 믿으면서도 정작 어떻게 해야 효과적인지 모르는 부모들이 많다. 상담을 하면서 부모들에게 "아이를 칭찬해주세요"라고 하면 대부분의 부모들은 이런 칭찬을 한다.

"아이, 착해라."

"우리 아들이 최고야."

"우리 딸 잘했어."

이러한 칭찬은 무엇이 착한지, 왜 아이가 최고인지, 뭘 잘했는지 알 수 없는 추상적인 표현에 불과하다. 잘못된 칭찬은 아이에게 약이 아니라 도리어 치명적인 독이 될 수 있다. 칭찬을 얼마나 많이 하느냐보다는 어떻게 하느냐에 따라 아이에게 긍정적인 영향을 끼칠 수도, 반대로 부정적인 영향을 끼칠 수도 있다. 부모는 아이의 기분을 좋게 하고 자신감을 심어주기 위해 칭찬을 하지만 잘못된 칭찬을 할 경우 이러한 예상과는 정반대의 부정적 결과가 나타나게 된다. 잘못된 칭찬이 어떤 결과를 가져오는지 알아보자.

사례 1

바지를 입기 싫어하고 매일 치마만 입겠다고 고집부리는 일곱 살 솔비와 엄마는 매일 아침마다 전쟁을 벌인다. 아이에게 억지로 바지를 입혀놓고 엄마는 칭찬을 한다.
"어머, 우리 솔비가 바지 입으니까 너무 예쁘다. 예쁜 바지 입었다고 유치원 친구들이 엄청 부러워하겠는걸?"
칭찬을 들은 솔비는 과연 엄마가 겉으로만 하는 칭찬을 그대로 받아들일까? 솔비는 속으로, '거짓말. 엄마가 나 바지 입게 하려고 괜히 말로만 저러는 거 누가 모를 줄 알고' 하며 엄마의 칭찬이 진심인지 의문을 갖는다.

사례 2

초롬이는 백 점짜리 수학 시험지를 들고 와 엄마께 보여 드린다. 엄마는 기쁨에 찬 목소리로 말한다.

"우리 초롬이가 수학 시험에서 백 점을 받다니 엄마는 이제 소원 다 풀었다. 네가 공부 잘하는 걸 보는 게 엄마의 유일한 낙이란다."

그러나 엄마의 '칭찬'을 받은 초롬이는 속으로, '다음에 백 점을 받지 못하면 어떡하지? 다음에도 백 점 맞아야 엄마가 좋아할 텐데' 하며 부담을 느낀다.

사례 3

열심히 영어학원을 다닌 나래가 영어책을 읽자 아빠가 칭찬한다. "이야~ 우리 나래 발음이 아주 완벽하구나. 꼭 미국인 발음 같은걸."

나래의 속마음은 '치이, 발음이 완벽하긴 뭐가 완벽해? 우리 반에서 내 발음이 제일 안 좋은데' 하며 칭찬에 즉각적인 부정을 한다.

잘못된 칭찬은 아이들뿐 아니라 어른들에게도 마찬가지의 부정적 영향을 준다.

사례 4

맞선자리에 투피스 정장을 입고 나간 한 20대 여성에게 상대 남자가 말한다.

"아주 날씬하시네요."

여자의 속마음은 '날씬하다고? 내 뱃살이 재킷에 가려 안 보이니까 그런 말이 나오지. 맞선 끝날 때까지 재킷을 벗으면 안 되겠는걸' 하며 자신의 단점에 더 신경을 쓰게 된다.

사례 5

결혼한 지 3개월 된 새댁이 갑작스레 시부모의 방문을 받았다. 미처 시장볼 겨를도 없어 집에 있던 재료를 모두 꺼내 서둘러 저녁을 차렸다. 저녁식사를 마친 시어머니가 시이모에게 전화를 한다.

"우리 새아기 음식 솜씨가 어찌나 좋은지 말도 못 해. 언니도 한번 와서 우리 새아기한테 식사 대접받아야지. 내가 며느리 하나는 아주 잘 들였어."

며느리의 속마음은 '오늘은 운이 좋아서 맛이 괜찮았지. 다음에는 형편없는 내 요리 실력이 다 들통날 텐데. 이를 어쩌지?' 하며 불안감과 긴장감이 증폭된다.

사례 6

회사원 김 씨는 연락이 뜸하던 친구로부터 갑자기 만나자는 전화를 받았다. 김 씨는 어젯밤 야근을 해서 몰골이 말이 아니었지만 친구의 약속을 저버릴 수 없어 피곤한 몸을 이끌고 약속 장소로 나갔다. 오랜만에 만난 친구는 김 씨를 보자마자 말한다.

"이야, 너 안 보던 사이에 아주 멋있어졌다."

김 씨의 속마음은 '이 꼴이 멋있다고? 얘 나한테 뭐 부탁하려는 거 아냐?' 하며 상대방이 나에게서 원하는 것이 있다는 느낌을 받는다.

효과적인 칭찬은 듣는 이로 하여금 기분을 좋게 하고 자신감이 생기도록 하지만, 잘못된 칭찬은 정반대의 결과를 가져온다. 어렸을 때부터 잘못된 칭찬을 받아온 대부분의 어른들은 부모가 되어서도 이미 학습되어 몸에 배어버린 잘못된 칭찬을 또다시 아이들에게 그대로 되풀이하게 된다.

그렇다면 아이가 스스로 뿌듯함을 느끼도록 자신감을 키워주는 올바른 칭찬은 어떤 것일까?

자신감을 키워주는 '격려'의 마법

부모가 칭찬을 어떻게 하느냐에 따라 아이에게 힘이 될 수도, 반대로 아이의 기를 꺾을 수도 있다. 아이의 자신감을 키워주려면 '칭찬'보다는 '격려'를 하는 것이 효과적이다.

    칭찬은 잘한다고 치켜세워주는 것으로 다른 사람이 나에 대해 판단을 내리는 것이고, 격려는 용기와 의욕을 북돋워주는 것이다. 칭찬은 아이를 그것에 의존하게 만들어 스스로 판단을 내리지 못하게 하는 결과를 낳지만, 격려는 아이가 스스로 생각하여 올바른 결정을 내릴 수 있도록 이끌어줌으로써 혼자서 할 수 있다는 자신감을 키워준다.

    칭찬을 할 때 "잘했어" "아이, 착해" "말 잘 들어서 너무 예뻐" 등과 같이 아이를 좋고 나쁨으로 판단하는 말을 하는 것보다 아이의 어떤 말과 행동이 칭찬받을 만한 부분인지 정확히 짚어 있는 그대로 설명해주도록 하자.

'잘했다' '착하다' '예쁘다'와 같은 말은 말하는 사람이 상대방을 평가하는 주관적인 표현이기 때문에 만약 말하는 사람이 내린 평가에 듣는 사람이 동의하지 않을 경우, 부정을 하거나 거부감을 가질 수 있다.

앞 챕터의 사례 1에서 엄마는 바지를 '예쁘다'고 평가하지만 아이는 그렇게 여기지 않으므로 엄마의 칭찬을 믿지 않게 된다. 마찬가지로 사례 2 엄마의 주관적 입장에서는 백 점 맞은 일이 큰 낙이지만 아이는 공부하는 목적이 엄마를 기쁘게 하기 위한 것이 아니므로 이를 부담스럽게 느낀다. 사례 3 아빠는 아이의 영어 발음을 '완벽하다'고 평가하지만 아이는 이와 반대로 자신의 발음이 또래 친구들 중 제일 나쁘다고 생각하므로 아빠의 칭찬에 즉각적인 부정을 하게 되는 것이다.

따라서 주관적인 말 대신 상황을 객관적으로 묘사하도록 하자. 그렇게 하면 듣는 사람은 이를 부정하거나 거부함 없이 그 묘사를 사실로 받아들여 스스로 만족감을 느끼고 자신감을 가지게 된다. 또한 말하는 사람의 입장이 아닌, 듣는 사람의 입장에서 격려하는 것이 더욱 효과적이다.

상황을 객관적으로 묘사하여 격려하는 방법을 알아보기

위해 앞의 사례들을 다시 한 번 떠올려보자. 각각의 사례에서 나타난 잘못된 칭찬을 듣는 사람의 입장에서 객관적으로 상황을 묘사하여 격려하는 표현으로 바꾸면 다음과 같다.

사례 1 올바른 격려

엄마: "솔비가 입은 바지에 작은 주머니가 두 개 달려 있네. 오른쪽 주머니에는 솔비가 좋아하는 곰 인형 머리핀을 넣고, 왼쪽 주머니에는 스티커를 넣을 수 있겠는걸. 주머니가 두 개나 달렸으니 물건을 잃어버리지 않겠구나."

솔비의 속마음: '바지를 입으면 주머니가 있어서 편하구나. 다음에도 또 입어야지.'

말하는 사람의 주관적 느낌이 아니라 상황에 대한 객관적 묘사를 하는 것이기 때문에, 듣는 사람은 상대방의 말이 진심인지 의문을 가지지 않고 그대로 받아들이게 된다. 칭찬은 거짓으로 들릴 수 있지만 격려는 진실하게 들린다.

사례 2 올바른 격려

엄마: "우리 초롬이가 그동안 열심히 공부하더니 이렇게

성적이 올랐구나. 스스로 노력해서 이만큼 결과가 나왔으니 정말 보람이 느껴지겠다."

초롬이의 속마음: '내가 노력한 만큼 성적이 나와서 정말 신나. 다음에도 열심히 해야지.'

말하는 사람(엄마)을 주어로 내세워("엄마는 소원 다 풀었다") 주관적인 느낌을 말하지 않고 아이를 주어로 내세워("우리 초롬이가 성적이 올랐구나") 상황을 객관적으로 묘사하면 듣는 사람은 부담감을 갖지 않고 스스로 뿌듯함을 느끼게 된다.

이와 같이 칭찬은 미래에도 좋은 결과를 지속적으로 얻어내길 요구하는 것으로 들리지만, 격려는 현재 이 순간만 관심을 두어 듣는 사람에게 부담을 주지 않는다.

사례 3 올바른 격려

시어머니: "새 아가, 이 해물찌개가 국물이 아주 시원하구나. 삼치 구이도 맛이 아주 담백하니 잘 구워졌고, 도토리묵도 어쩜 이렇게 야채 맛이 향긋하게 우러나오게 잘 무쳤니."

며느리의 속마음: '내가 한 음식을 어머니가 맛있게 드셨나 봐. 이제 자신 있는 요리가 세 가지 더 생겼네.'

칭찬은 사람 자체를 평가하여 '새아기=음식 솜씨가 좋다=잘 들인 며느리'와 같은 공식을 만들어 이번에 잘했으므로 다음에도 이 공식이 맞도록 계속 잘해야 한다는 메시지를 준다. 반면 격려는 사람 자체가 아니라 그 사람의 행동에 대한 말이므로 불안감과 긴장감이 아닌 자신감을 준다.

평가가 아닌 관심을

칭찬은 잘했을 때만 하지만, 격려는 잘했을 때는 물론 잘하지 못했을 때 역시 할 수 있다.

성적이 떨어진 아이에게는 "이번에는 지난번보다 성적이 떨어졌구나. 노력을 많이 하면 성적이 오르게 되고 그렇지 않으면 떨어지기 마련이지. 사람은 누구든지 실수할 때가 있고 항상 잘할 수는 없는 거니까 성적이 조금 떨어졌다고 해서 크게 좌절할 필요는 없어. 하지만 아빠는 네가 다음에는 더 많은 노력을 할 거라고 믿는다."

요리가 서툰 며느리에게는 "생선이 조금 비릿한데 이럴 때는 생선을 굽기 전에 청주를 약간 뿌려두거나 다 굽고 나서 레몬을 뿌리면 비린내를 없앨 수 있단다. 생선에 비린내가 나지 않도록 잘 굽는 것은 어렵지만 이런 요령을 알아두면 금방 터득할 수 있지"라고 격려할 수 있다.

격려는 이와 같이 잘하지 못했을 때 혹은 결과가 좋지 않을 때 듣는 사람에게 더 큰 힘이 되고 자극을 주어 의욕을 불어넣어준다.

'잘했다' '착하다' '예쁘다' 등과 같은 칭찬은 주관적 평가이므로 상황에 따라 변화를 가져올 수 있다. 만약 오늘은 아이가 '착하다'는 칭찬을 받더라도 내일은 잘못을 해서 '못됐다' '나쁘다'와 같은 야단을 맞게 되면, 아이는 더 이상 '착한' 아이가 아니라 '못된' '나쁜' 아이가 되기 때문이다. 하지만 열심히 공부해서 좋은 성적을 받았을 때 아이 스스로 보람을 느낀 기억은 아이의 머릿속에 영원히 남게 된다.

아이들은 부모로부터 '잘했다' '못했다'라는 평가가 아닌 관심을 받고 싶어 한다. 엄마와 아빠가 내 모습을 바라보고 있다는 것을 확인하고 싶어 하는 것이다. 그러나 부모는 아이가 부모의 관심을 확인받고 싶은 마음으로 다가갈 때 아이의 말과 행동을 주관적으로 판단해 평가를 내리는 것에만 급급하기 쉽다. 아이가 해낸 것을 부모가 바라보고 있다는 것만 알려주면 아이는 스스로 자신의 노력과 행동을 평가하는 과정 속에서 자신감을 얻게 된다.

혼잣말이라도
함부로
내뱉지 마라

일곱 살 마르코는 화가 날 때마다 하루에도 몇 번씩 '죽고 싶다' '죽어버릴 거야'라는 말을 하고 물건을 던지는 등 난폭한 말과 행동을 보여 클리닉을 찾았다. 가사도우미 일을 하며 혼자 네 명의 아이를 키우는 엄마는 한눈에도 많이 지친 듯 보였다.

"마르코는 우리 집 문제아예요. 얘만 없으면 우리 집에는 아무 문제가 없다고요."

"어떤 가정이든 문제가 없는 가정은 없어요. 어머니께서 다른 아이들보다 마르코가 특히 더 많이 걱정되시는가 보군요."

"툭하면 죽고 싶다고 하고 죽어버리겠다고 하는데 그런 말은 나쁜 말이라고 아무리 얘길 해도 고쳐지지가 않아요. 얼마

전에는 쌍둥이 여동생과 싸우다가 '죽여버리겠다'고 주먹을 휘두르기도 하고 어제는 화가 난다며 전기 콘센트에 핀을 집어넣다가 다쳐서 손에 화상을 입었어요."

"마르코가 언제부터 이런 행동을 보였나요?"

"모르겠어요. 일 년 전에 아이들 아빠와 이혼한 뒤 더 심해진 것 같기도 한데, 다른 아이들은 괜찮은데 얘만 이러니 미치겠어요. 그러잖아도 요즘 일거리가 없어서 죽겠는데 마르코가 이렇게 말썽을 부리니 너무 힘들어서 정말 딱 죽어버렸으면 좋겠다는 생각이 들어요."

힘없는 목소리로 말을 이어가던 엄마는 땅이 꺼져라 한숨을 쉬었고 잠시 침묵이 흘렀다. 그러다 갑자기 무언가를 깨달은 듯 아이 엄마는 눈을 휘둥그레 뜨면서 말했다.

"어머, 선생님! 마르코가 제가 하는 말을 따라 죽고 싶다고 하는 거네요. 맞지요?"

아이들은 부모 그대로다

아이들은 부모의 모습을 그대로 반영하는 거울이며 부모의 언행을 있는 그대로 흡수하는 스펀지이다. 평소에 부모가 힘든 상황을 어떻게 헤쳐 나가는지, 스트레스에 어떻게 대처하는지, 우울하고 슬픈 일이 있을 때 어떻게 받아들이고 행동하는지 아이들은 부모가 하는 그대로 따라 한다.

부모 스스로 내가 나 자신을 칭찬하는 데 익숙한지, 아니면 내가 나에게 호된 비판을 하는지 자신의 모습을 한번 돌아보자. 엄마가 실수를 할 때 지나친 자학을 하는지, 아빠가 안 좋은 일이 있을 때 다른 사람 탓을 하는지 등의 모습이 아이에게 그대로 전해진다. 부모가 자기 자신에게 관대해져야 아이도 스스로 너그럽고 자신의 행동에 책임을 지는 아이가 된다.

어른에게는 직장이 하루의 대부분을 보내는 주요 장소이듯 아이에게는 유치원과 학교가 중요한 장소다. 아이는 부모가 평소에 직장에 대해 드러내는 말과 행동을 보며 유치원과 학교에 대한 태도를 배운다. 만약 부모가 "내 직장동료들은 하나같이 모두 날 무시하고 싫어해" "상사는 매일 나만 괴롭혀"라며 직장을 불쾌한 곳으로 표현한다면 아이도 부모의 부정적인 사고 패턴을 그대로 배우게 된다.

개학 첫날, 두 아이가 반 친구로부터 각각 단 한 번 욕을 들었다고 가정해보자. 부정적인 사고를 가진 부모를 보며 자란 아이는 '우리 반 아이들은 모두 날 싫어하는 게 분명해' '아무도 날 좋아하지 않아'라고 생각하게 되고 이런 사고 패턴은 아이를 점점 위축시켜 자신감을 떨어뜨리며 친구들과 어울리는 것에 두려움을 가지게 한다.

그러나 부모로부터 긍정적 사고방식을 배운 아이는 '저

아이는 나에게 욕을 했지만 그건 욕 한 저 아이의 잘못이지, 내 탓이 아니야. 날 좋아하고 나와 친해지고 싶어 하는 친구도 분명히 있을 거야' '저 아이는 오늘 안 좋은 일이 있었던 게 분명해. 그렇지 않고는 아무 상관도 없는 나한테 욕을 할 이유가 없지'라고 생각하며 그날 일어난 일을 자신과 무관한 별개의 것으로 생각한다.

사람들은 누구나 자기 자신을 상대로 혼잣말 self-talk을 하는데 어떤 사고방식을 가지고 있느냐에 따라 혼잣말의 유형도 달라진다.

"난 시험만 봤다 하면 꼭 떨어져"와 같이 몇 번 일어나지 않은 일을 두고 '항상' '매번' 그런 일이 일어난다고 일반화시키거나 "난 되는 일이 하나도 없어" "엄만 나한테 매일 화만 내" 등과 같이 결과를 과장해서 생각하고 "난 새 학년 들어가도 친구를 한 명도 못 사귈 거야" "노력해봤자 아무 소용도 없을 거야" "아빠가 분명 화를 내실 거야"와 같이 아직 일어나지도 않은 일을 미리 예상하며 결과를 맞닥뜨리는 것을 두려워하는 사고 패턴은 불필요한 스트레스를 일으키며 자신감을 떨어뜨린다.

아이가 언제 어디서 어떤 부모의 말을 그대로 받아들여 모방할지 모르기 때문에 아이 앞에서는 단 한 마디의 혼잣말이라도 함부로 내뱉지 않도록 주의해야 한다.

부정적인 혼잣말 대신 이렇게 말하면 어떨까. "난 시험만 봤다 하면 꼭 떨어져"보다는 "시험 준비를 열심히 했는데도 떨어진 건 내가 당황해서 문제를 제대로 읽지 못했기 때문이야. 다음에는 침착하게 한 문제씩 읽고 집중하면 반드시 붙을 수 있을 거야"라며 각오를 다지고, "난 되는 일이 하나도 없어"보다는 "살다보면 일이 잘 될 때도 있고 또 그렇지 않을 때도 있는 거지 뭐"라고 해보자.

이처럼 부모가 먼저 스트레스에 잘 대처하는 모습을 보여주면 아이도 부모의 긍정적인 사고방식을 그대로 따라간다.

뇌물은 필요 없다

열세 살 프레디는 또래에 비해 키가 크고 마른 체격의 아이였다. 몇 년 전 엄마를 병으로 잃은 후 아빠, 할머니와 함께 살고 있던 아이는 아빠와 함께 클리닉을 찾았다.

아이의 심리상태에 대한 진단은 상담실에 들어와 의자에 앉는 때가 아닌 그 이전 대기실에서 아이를 만나는 순간부터 시작된다. 대기실에 앉아 있던 프레디는 무표정하지만 긴장된 얼굴을 하고 있었다. 상담실로 안내하는 내 뒤를 따르면서도 계속 뒤돌아 아빠를 쳐다보았고 "아빠도 같이 들어가면 안 돼? 아빠랑 같이 갈래"라고 말하며 아빠와 떨어지는 것을 내내 불안해했다. 열세 살짜리 남자아이가 분리불안 증세를 보인다니 몸은 어른에 가까웠지만 정신은 부모에게서 조금도 독립하지 못한 어린아이라는 것을 알 수 있었다.

상담실에 들어오자마자 프레디는 대뜸 말했다.

"난 여기 오는 게 싫어요."

"저런, 네가 그렇게 생각한다니 안타깝구나. 특별히 싫어하는 이유가 있니?"

"지루하고 재미없어요. 상담치료라는 거 멍청하고요. 단지 여길 오면 아빠가 상으로 컴퓨터 게임을 사주겠다고 해서 따라왔을 뿐이에요."

아빠는 프레디가 엄마 없이 자라는 것이 측은해 사달라는 것은 무엇이든 사준다고 했다. 숙제를 하거나 할머니를 도와 밥상을 차리면 상을 주었으며 주말에 교회를 나가면 상으로 장난감을 사주었다. 프레디는 상을 주지 않으면 아무것도 하려 들지 않았고 무엇을 시키면 "내가 이거 하면 뭐 사줄 건데?" 하며 반드시 아빠와 '거래'를 한 뒤 실행에 옮겼다.

프레디 경우처럼 "~하면 ~를 사주겠다"며 아이에게 물질을 약속하기 시작하면 아이는 매사에 상이나 대가를 바라게 된다.

아이에게 지시를 내릴 때는 "~하면"이라는 가정을 달지 말고 "~한 다음에 ~하자"라고 말해보자. "~하면"은 아이가 그 행동을 할 수도 있고 하지 않을 수도 있어 아이에게 결정권을 주는 것이지만 "~한 다음에"는 아이에게 결정권을 주는 것이 아니고 무조건 아이가 해야 한다는 의미가 들어있다.

'숙제 다 하면 장난감 사줄게'는 아이가 숙제를 다 마칠 것인지 아닌지를 아이 스스로 결정하게 하지만 '숙제 다 한 다음에 엄마랑 카드놀이 하자'는 아이가 무조건 숙제를 다 해야 한다는 것을 의미한다. 또한 숙제를 한 다음에는 재미있고 신나는 결과가 따라오기 때문에 아이는 숙제를 해야 한다는 부담감보다는 카드놀이에 대한 기대감을 가지고 행동으로 옮기게 된다.

아이에게 줄 수 있는 가장 큰 선물

아동상담가인 낸시 사말린은 아이에게 '뇌물'을 주지 않고 원하는 행동을 하도록 만들려면 단순히 지시를 내리라고 말한다. 즉 "밥 다 먹으면 선물 사줄게"라고 아이를 뇌물로 매수하는 것이 아니라 "밥 남기지 말고 다 먹어"라고 단순 지시를 하는 것이다.

적절한 상은 아이에게 동기를 유발하지만 그렇다고 상을 주는 것이 항상 바람직한 것은 아니다. 숙제, 자기 방 치우기와 같이 아이가 당연히 해야 하는 일을 할 때는 상을 주지 않는 것이 좋다. 아이가 당연히 해야 할 일을 할 때 상을 주게 되면 아이는 상을 주면 하고 그렇지 않으면 안 하려 하게 된다.

또한 아이가 이미 스스로 기쁨을 느끼고 있는 것이나 상을 주지 않아도 잘하는 일에는 상을 주지 않는 것이 좋다. 이런 경우 상을 주는 것은 오히려 아이의 기쁨을 박탈하게 된다. 평소에도 방 청소를 잘하는 아이는 청소 후 깨끗해질 방을 상상하며 즐거운 마음으로 스스로 행동에 옮기지만 상을 주기 시작하면 아이는 즐거움 때문이 아니라 오로지 상을 받기 위해서 청소를 하게 된다.

음식, 돈, 장난감 등으로 상을 주는 것도 피하자. 말을 잘 들으면 맛있는 것을 사주겠다고 하는 부모들은 보통 과자, 아이스크림, 인스턴트 음식, 패스트푸드 등으로 아이의 환심을 사려 하기 때문에 아이는 건강하지 못한 식습관을 가지게 되고 비만이 될 수 있다. 장난감을 상으로 주며 아이의 행동을 컨트롤하려 할 경우에도 처음에는 로봇을 사줬지만 나중에는 자전거, 컴퓨터 게임, 노트북 등 아이가 클수록 아이의 마음을 움직일 물건이 점점 비싸져서 경제적으로 부담이 될 수 있다. 돈을 줄 경우에는 아이가 절약하고 체계적으로 경제생활을 할 수 있도록 부모가 깊게 관여해야 한다.

어린 시절을 돌이켜보면 부모님이 내게 사주셨던 물건보다는 부모님과 함께 했던 놀이, 주말에 함께 놀러갔던 곳, 재미있는 이야기를 하며 크게 웃었던 기억이 더 생생하게 떠오른다. 초등학교 5학년 크리스마스 때 어머니께서 김소월의 시 '진달래 꽃'을 읽어주셨던 기억, 아버지께서 일본어로 하나부터 열까지 숫자 세는 법을 가르쳐주셨던 기억, 어머니로부터 색종이로 꽃 만드는 법을 배웠던 기억, 아버지를 따라 영화관에 〈로버트 태권 브이〉를 보러 갔던 기억 등 부모님과 함께 했던 시간은 아직도 마음속에 생생히 남아 있다.

시간이 지나면 싫증나고 잊힐 수 있는 물건보다는 동화책 읽어주기, 엄마와 요리하기, 아빠와 게임하기, 엄마 아빠와 함께 공연이나 콘서트 보러 가기, 안마해주기 등 부모와 함께 하는 시간이 아이에게는 가장 큰 선물이다.

아이의 자존감을 살려주는 7가지 칭찬의 법칙

법칙 1.
초점은 아이의 성취가 아닌 노력한 과정이다

"엄마는 네가 공부 잘하는 맛에 산다."

"네가 공부를 잘하는 것이 엄마 기 살려주는 일이다."

"공부 잘하는 우리 아들 때문에 아빠는 너무너무 행복하다."

아이를 칭찬하거나 야단칠 때 아이의 행동과 성취 정도에 따라 부모의 존재감이 좌우된다고 말하는 것은 아이에게 큰 정신적 결핍을 가져다줄 수 있다. 이러한 칭찬은 아이의 자신감을 세워주는 것이 아니라 도리어 정신적으로 큰 부담을 주어 아이의 자신감을 떨어뜨린다.

아이의 성취도로 인해 부모의 삶이 좌지우지된다는 칭

찬을 거꾸로 생각해보자. 아이의 학교 성적이 떨어지면 부모는 '살맛이 없어지고' '부모의 기를 죽이는 일'이며 '너무너무 불행하다'면 아이에게 이처럼 큰 부담이 또 어디 있을까.

아이가 성취하거나 실패한 것이 부모에게 영향을 끼친다고 말하면 이것은 아이의 성취 여부에 따라 부모의 사랑도 결정된다는 것처럼 들릴 수 있다. 물론 부모는 그런 의미로 하는 말이 아닐지라도 이런 말을 자주 듣는 아이는 부모에게 사랑받기 위해서는 성적을 잘 받아야 하고 그렇지 못하면 사랑을 받지 못할 것이라는 왜곡된 인식을 무의식적으로 가지게 될 수 있다.

결과에 대한 부모의 만족도가 중요한 게 아니다

결과에 대한 부모의 만족도에 중점을 두지 말고 아이가 그만한 성취를 하기까지 노력한 과정과 아이 스스로 느끼는 기쁨, 자랑스러움에 중점을 두어 칭찬하자.

예를 들어 "학교 성적이 잘 나와서 엄마는 네가 정말 자랑스럽다"라고 하기보다는 "공부를 열심히 하더니 학교 성적이 잘 나와서 정말 자랑스럽겠구나/보람을 느끼겠구나/뿌듯하겠구나/기분 좋겠구나"와 같이 단순히 결과에 대한 칭찬이 아닌 아이의 노력에, 부모의 마음이 아닌 아이의 마음에 초점을 두어 칭찬하는 것이 좋다.

모든 것을 부모의 사랑과 연결 지어 칭찬받던 아이가 어느 날 성적이 떨어지면 '부모에게 자랑스러운' '부모의 기를 살려주는' '부모를 행복하게 만드는' 자식이 되지 못했다는 사실에 크게 좌절하게 된다. 심할 경우 '성적이 안 좋은 나 같은 아이는 엄마 아빠의 사랑을 받지 못하는 게 당연해. 엄마 아빠를 실망시켰으니 사랑받을 자격도 없어'라고 지나친 자책을 하게 된다. 다행히 다음 시험에서 성적이 올라가더라도 스스로 보람을 느끼기보다는 부모를 다시 기쁘게 했다는 사실에 안도하는 성취욕 부족한 아이가 되기 쉽다.

그러나 자신의 노력에 대해 칭찬을 받은 아이는 성적이 떨어지더라도 '내 노력이 부족했나'라는 생각으로 더 분발하게 되고, 더 많은 노력으로 좋은 결과를 얻었을 때 스스로 뿌듯함을 느끼며 자신감을 갖게 된다. 아이가 건강한 자신감을 가지길 원한다면 아이가 성취한 것을 짚어서 말해주되, 그것을 부모의 사랑과 연결시키지 말아야 한다.

마찬가지로 아이가 학교 성적이 좋지 않거나 바라던 것을 성취하지 못했을 때, "네 성적이 이러니 엄마는 못 살겠다" "네가 이런 식으로 공부를 하는데 내가 무슨 낯으로 돌아다니겠니"라고 말하는 것은 아이의 가치를 성적이나 성취 정도로 결정짓겠다는 의미와 다름없다. 이런 말을 들은 아이는 부모가 바라는 대로 열심히 공부하려는 마음이 들기보다는 부모의 기대를 충족시키지 못했다는 점에 대한 죄책감, 그로 인해 스스로 무능하게 느껴지는 무력감을 느껴 자신감이 떨어지고 부모에 대한 분노심이 생기기도 한다.

아이가 학교공부를 어려워하고 낮은 성취도를 보일 때는 부모가 아이의 학습법에 어떤 문제점이 있는지 알아내 아이가 더 잘할 수 있도록 도와주고 용기를 북돋워주는 것이 바람직하다.

"이번엔 지난번보다 수학 성적이 많이 떨어졌구나. 네 생각엔 왜 그런 것 같니? 엄마가 어떻게 도와주면 우리 채림이가 다음에 좀 더 잘할 수 있을까?"와 같이 말해줌으로써 아이가 스스로 생각할 수 있는 기회를 주자. 부모는 아이에게 언제든지 도움을 줄 것이며 부모의 사랑은 아이의 성취와는 상관없이 무조건적인 것이라는 사실을 알려주자.

법칙 2.
재능보다
노력을 칭찬하라

한 선배가 있다. 그녀는 어릴 때부터 뛰어난 학습능력을 보여서 각종 대회에서 수시로 입상했고 항상 전교 상위 석차를 놓치지 않는 '뭐든지 잘하는 아이'였다고 한다. 그녀에 대한 부모의 기대가 높았음은 물론이다. 이에 부응하기 위해 그녀는 일류대에 진학했고 졸업 후 미국 유학길에 올라 명문대학원에서 석·박사 과정을 마치고 미국 대학의 정식 교수로 임용되었다. 겉으로는 큰 성공을 거둔 것처럼 보였지만 그녀는 부모의 꺾일 줄 모르는 기대와 사람들의 평가로 인해 힘들어했고 결국 우울증 증세를 보여 치료를 받기에 이르렀다.

"내가 가장 듣기 싫어하는 말이 뭔지 아니? '넌 원래 뭐든지 잘 하잖아'라는 말이야. 난 '원래' 잘 하는 게 아니라 매번 엄청난 노력을 해서 힘들게 결과를 얻는데 사람들은 그런 내 노력은 보지도 않은 채 결과만 놓고 날 시기하거든. 나는 지금의 결과를 얻기 위해 수많은 세월 동안 밤잠 못자고 남모르는 눈물과 피땀을 흘려야 했는데 부모님은 물론이고 다른 사람들은 내가 엄청난 능력을 타고나서 아무런 노력 없이 모든 걸 이룬 줄 알아."

그녀가 소위 일류대학에 진학했을 때, 학교를 우등으로 졸업했을 때, 그리고 명문대에서 학위를 딴 후 교수로 임용되었을 때, 그녀의 부모는 그녀의 성취와 업적을 '당연하게' 받아들였다고 한다.

"엄마와 아빠가 모두 일류대를 나왔으니 네가 일류대를 가는 건 당연한 거야" "네가 학위 취득 후 교수가 된 것은 전혀 놀라운 일이 아니다" "넌 어렸을 때부터 원래 모든 걸 잘 했기 때문에 닌 네가 이렇게 될 줄 알았다".

이와 같은 부모의 말에 그녀는 스스로 뿌듯함과 자부심을 느끼기는커녕 도리어 허무함과 절망감을 느꼈다.

아이가 좋은 결과를 이루어냈을 때 그 원인이 타고난 재능 때문이라고 칭찬하는 것은 아이에게 해가 되는 칭찬이다. 피아노 발표회를 성공적으로 끝낸 아이에게 "우리 푸름이가 그동안 피아노 연습을 아주 열심히 하더니 정말 잘해냈구나"라고 칭찬해주는 것과 "우리 푸름이는 타고난 피아니스트야!" "피아노 천재야!" 하고 아이의 선천적 능력을 성공의 원인으로 돌리는 것은 각각 전혀 다른 메시지를 전달하는 것이다.

무언가를 아이 스스로의 힘으로 이루어냈을 때 이를 지켜본 부모가 아이의 선천적 재능을 두둔하여 칭찬한다면 다음에 아이가 잘하지 못했을 때 아이는 자신의 노력이 부족했다고 느끼고 더 잘하기 위해서 더 많은 노력을 해야겠다고 생각하는 것이 아니라 "난 이런 거 원래 못해" "난 타고난 능력이 없어서 아무리 노력해도 안 될 거야"라며 쉽게 포기하게 된다.

아이가 공부를 잘하거나 어떤 분야에 재능을 보일 때 '우리 아들은 원래 똑똑하니까' '우리 아이는 재능을 타고나서'라고 칭찬하게 되면 아이는 자신의 '타고난' 능력을 과신하여 노력을 덜하려는 심리를 가지게 된다.

"우리 아이는 머리는 똑똑한데 노력을 안 해요"라고 걱정하는 부모들은 그동안 아이를 '타고난 수재'로 잘못 칭찬해왔기 때문에 아이가 자신의 '똑똑한' 머리를 믿고 노력을 점점 덜 하게 된 결과다.

아이가 열심히 노력해서 이루어낸 결과임에도 불구하고 '우리 딸은 원래 뛰어난 머리를 타고났으니까 이 정도는 아무것도 아니지' '네가 잘하는 건 당연한 결과이기 때문에 엄마는 전혀 놀랍지가 않다'고 하며 마치 '당연히' 얻은 결과인 것처럼 여기는 칭찬은 피하자. 잘못된 칭찬 때문에 아이는 부모의 기대를 다음에 충족시키지 못하면 어쩌나 하는 불안함과 부담감으로 스트레스를 받게 되고 본인의 노력을 몰라주는 부모에 대한 원망이 생긴다.

노력 없이 저절로 되는 건 아무것도 없다

세상에 태어날 때부터 완벽한 재능을 타고나는 사람은 없다. 아무리 좋은 머리를 타고났어도 노력 없이 저절로 되는 것은 아무것도 없으며 세상에 '당연한' 결과란 존재하지 않는다. 어떤 일의 성취가 노력이 아닌 선천적 재능 때문이며 잘하는 것은 당연하다는 메시지를 듣고 자란 아이는 위의 사례에서처럼 겉보기에는 성공을 하더라도 스스로 불행하게 느끼기도 한다.

아이를 칭찬할 때는 아이가 성취해낸 업적을 타고난 능력으로 평가하지 말고 아이의 노력과 연결지어 칭찬하는 것이 건강한 자신감을 심어주는 일이다.

마찬가지로 '남자니까' 혹은 '여자니까' 하며 아이의 성에 의해서 능력이 결정된다고 말하는 것도 아이에게 나쁜 영향을 미친다. 그런 말을 듣고 자란 아이는 능력이 부족함을 느낄 때 더 노력해야겠다고 생각하기보다는 '난 남자라서 이런 건 당연히 잘해야 하는데 왜 못하지' 하는 마음에 주눅이 들거나 '난 여자라서 이런 건 못 하는 게 당연하구나' 하고 아예 노력조차 안 하게 된다.

아무리 선천적으로 뛰어난 능력을 타고난 수재라 하더라도 그 뒤에는 항상 숨은 노력이 존재하기 마련이다. 이 세상에 노력 없이 능력만으로 거저 얻을 수 있는 성과는 아무것도 없다는 사실을 아이에게 가르쳐주자.

법칙 3.
천재, 최고, 완벽이라는
단어는 No!

어렸을 때부터 아버지는 나를 '컴퓨터'라는 별칭으로 부르셨다. 어릴 때부터 착하고 말 잘 듣고 공부도 잘하며 부모 속을 썩인 적이 없는 나를 아버지는 컴퓨터에 비유하여 매사에 빈틈없고 철저하고 완벽하다고 칭찬하셨던 것이다. 내가 잘하는 것이 있으면 아버지는 "그럼 그렇지. 우리 '컴퓨터'가 얼마나 완벽한 아인데. 우리 진아는 뭐든지 못하는 게 없어" 하며 흐뭇해하셨다.

아버지의 이런 칭찬은 나를 채찍질하는 동기가 되기도 했지만 한편으로 스트레스이기도 했다. 나는 아버지가 기대하시는 '컴퓨터'가 되기 위해서 모든 것을 잘하려 애썼고 그러다 보니 항상 긴장감을 가지고 살았다. 잘하는 것이 있으면 '그래,

난 역시 못하는 게 없는 컴퓨터야'라고 우쭐하기도 했다. 그러나 부족하고 떨어지는 부분이 있으면 '난 모든 것에 완벽하고 빈틈없어야 하는데 왜 이걸 못하지? 이것도 잘해야 하는데……' 하고 불안해졌다.

아버지가 미리 짜놓으신 '컴퓨터'라는 틀 안에 나 자신을 끼워 맞추기 위해서 못하는 것 없는 '완벽한' 딸이 되려다보니 어떤 때는 정작 내가 스스로 좋아서 하기 보다는 아버지가 원하시는 '완벽한' 아이가 되기 위해서 내 욕구를 누르고 억지로 할 때도 있었다.

내가 어쩌다 실수라도 하면 아버지는 "우리 진아는 완벽한 아이라서 실수 같은 건 할 리가 없는데 어쩐 일이지?"하며 의아해하셨고, 그런 말을 들을 때면 나는 아버지가 기대하시는 '완벽한 컴퓨터'가 되지 못했다는 것에 죄책감을 느꼈다.

완벽하지 않은 아이에게

"넌 천재야" "넌 매사에 완벽해" "넌 최고야" 같은 칭찬은 매우 경쟁적인 메시지를 가지고 있으며 실현 불가능한 표현이다. 모든 면에서 '천재'이고 '완벽'하고 '최고'인 사람은 존재하지 않기 때문이다. 완벽하지 않은 아이에게 완벽하다고 칭찬하는 것은 부모가 아이를 완벽하다고 믿고, 완벽하길 원한다는 메시지를 준다.

　　이러한 칭찬을 듣고 자란 아이는 부모의 높아지는 기대에 부응해야 한다는 부담감 때문에 엄청난 중압감에 시달린다. 실현 불가능한 것을 이루려다보니 때로는 오히려 자신감이 저하되고 의욕을 잃게 되며 자신의 능력이 부모가 기대하는 기준에 부족하다는 사실에 한없는 절망감을 느끼게 된다.

　　물론 아이가 너무 잘해서 부모가 흥분한 나머지, "우리 아인 천재야" "넌 정말 최고야" "어쩜 이렇게 완벽하게 잘하니"와 같은 말을 가끔 할 수 있다. 가끔씩 나오는 이런 말은 영향력이 크지 않지만 아이에게 이와 같은 칭찬을 습관적으로 너무 자주 하는 것은 좋지 않다.

　　아이의 업적을 지나치게 과장하여 칭찬할 경우 아이는 실수를 두려워하는 불안한 마음을 품게 되고, 새로운 것을 시도하지 않으며 좋은 결과가 보장되는 안전한 것만 하려 든다.

　　아이를 칭찬할 때 최고를 의미하는 단어는 쓰지 않도록 주의하자. 노력해도 될 수 없는 '천재' '최고' '완벽'이라는 단어보다는, "넌 노력을 참 많이 해" "넌 참 사람들에게 친절해" "정말 현명한 생각이구나" 등과 같이 아이가 스스로 노력해서 바꿀 수 있고, 아이 힘으로 얼마든지 조절이 가능하여 아이에게 정서적으로 여유를 줄 수 있는 단어를 사용하는 것이 좋다.

법칙 4.
아이가 스스로 뿌듯함을
느끼는가가 더 중요하다

여덟 살 닉은 불안장애 증세를 보여 놀이치료를 받게 되었다. 놀이치료를 하는 동안 닉과 나는 보드게임을 했는데 닉은 게임을 하다가 자신이 질 것 같으면 몰래 반칙을 하거나 속임수를 쓰기도 하고 졌을 때는 버럭 화를 내며 결과를 받아들이지 못하고 씩씩거렸다.

닉의 아빠는 아이가 자신의 승부 근성을 닮아서 그런 거라고 말했다. 아빠는 하루에도 몇 번씩 아이에게 남자란 항상 '승자'가 되어야 하고 모든 것에서 최고, 일등이 되어야 한다는 가르침을 준다고 말했다. 과학경시대회에서 동상을 받아 온 아이에게 아빠는 "다음에는 꼭 금상을 받아와서 아빠를 실망시키지 말거라"라고 했고 회장선거에 나갔다가 부회장으로 당선되어 돌아오자 "남자가 이왕 하려면 회장을 해야지, 부회장이 뭐냐"고 했다. 아이는 그런 아빠의 욕구를 충족시키기 위해 조금이라도 어려워 보이거나 이길 수 없고 일등을 할 수 없을 것 같은 목표들은 피하고 비교적 쉬워 보이는 것만 하려고 했다.

시험 점수나 등수와 같은 결과를 칭찬하기보다는 아이가 그 결과에 이르기까지 얼마나 노력을 했는지를 칭찬하자. "영어 시험에서 100점을 받다니 대단하구나"라고 하기보다는 "그동안 영어 공부를 열심히 하더니 실력이 늘어서 이런 좋은 결과가 나왔구나"라고 칭찬하여 아이가 스스로 성취감을 느끼도록 하는 것이 좋다. 항상 점수나 등수 자체로만 칭찬을 하게 되면 100점 받던 아이가 95점으로 떨어질 경우 100점이나 95점 모두 뛰어난 성적임에도 아이는 100점을 받지 못했다는 것에 좌절하게 되며 자신감을 잃는다. 대회에 나가서 금상을 받은 아이에게 금상을 받아서 뛰어나다고 칭찬해주면, 다음에 은상을 받았을 경우 은상을 받았다는 것에 성취감을 느끼는 것이 아니라 금상이 아니라는 것에 패배의식을 가지게 된다.

과정의 중요성은 무시하고 결과만을 강조한 칭찬을 받은 아이는 부모가 원하는 결과를 얻기 위해서 성적표를 조작한다거나 시험에서 부정행위를 하는 등 스스로 노력하여 결과를 얻으려 하지 않고 겉으로 보이는 결과에만 집착하게 될 수도 있다.

'100점' '일등'과 같이 최고임을 강조하여 칭찬하는 부모의 말이 비현실적으로 높은 기대치가 되어 아이는 항상 일등을 하는 최고가 될 것을 고집하게 되고, 따라서 그렇지 않은 결과가 나올 경우 자신에게 지나치게 혹독하게 대하여 자신감을 잃게 된다. 항상 최고의 성적을 거둬야 한다는 부담감 때문에 지나치게 승부욕이 강하고 매사에 지기 싫어하는 성향을 가지게 될 수도 있다. 아이의 등수나 점수에 상관없이 아이의 노력으로 인한 업적 자체를 인정해주고 칭찬하는 것이 바람직하다.

성급한 칭찬보다는

'닥터 필'로 더 유명한 미국의 심리학자 필 맥그로 박사는 자신이 진행하는 텔레비전 심리치료 프로그램에서 다음과 같은 일화를 소개한 적이 있다.

"아들이 초등학생 때 학교 축구팀 선수로 뛰었지요. 어느 날 이웃 학교와 시합을 하게 되었는데 상대편 선수들이 우리 아이 팀보다 대부분 덩치도 훨씬 더 크고 힘이 무척 세 보였어요. 결국 체력에서 밀려 힘겹게 시합하던 끝에 지고 말았지요. 시합에 져서 시무룩한 얼굴로 돌아온 아이에게 저는 이렇게 말했어요. '아주 힘겨운 시합이었구나. 하지만 네 생각에 스스로 최선을 다했다고 생각하니?' 그러자 아들은 고개를 끄덕였지요. '최선을 다했다면 괜찮다. 넌 네 스스로가 자랑스럽니?'라고 물었어요. 이때 '최선을 다했다면 난 네가 자랑스럽다'고 성급히 칭찬하지 않고 우선 아이에게 아이가 스스로 자랑스러운지를 물었어요. 내가 아이를 자랑스러워하는 것보다는 아이가 스스로 뿌듯함을 느끼느냐가 더 중요하니까요. 그렇다는 아이의 대답을 듣고 나서야 저도, '그렇다면 나도 네가 자랑스럽다. 힘든 시합이었지만 아주 잘 싸웠어'라고 격려해주었지요."

항상 100점을 받고, 일등을 하며, 금상을 받는 등 모든 것에서 '승자'가 될 수는 없다. 어떤 상황이든 이기는 사람이 있으면 지는 사람이 있기 마련이고 내가 '승자'가 될 때가 있는가 하면 '패자'가 될 때도 있는 법이다.

평소에 모든 것을 이기는 것과 지는 것으로 구분하고, 게임을 하던 스포츠를 하던 반드시 이겨야 하고, 항상 일등을 해야 하는 것을 지나치게 강조하면 아이는 이기는 것에는 아무런 문제가 없지만 지는 것은 참지 못하거나 질 경우 울분을 가지고 화를 내는 아이가 된다.

몇 등을 하느냐 혹은 이기고 지느냐가 중요한 것이 아니라 아이가 새로운 지식을 얻게 되는 기쁨, 게임이나 스포츠를 하면서 승패에 관계없이 서로 응원하고 최선을 다하면서 느끼는 즐거움이 크다는 것을 알도록 해주어라. 또한 아이가 이기고 지는 결과에 예민하지 않도록 질 때도 격려하는 것을 잊지 말자.

법칙 5.
참는 아이, 칭찬하지 마라

일곱 살짜리 크리스탈과의 첫 상담이 있던 날, 크리스탈과 엄마를 맞이하기 위해 대기실로 갔다. 대기실에는 기다리는 동안 아이들이 가지고 놀 수 있도록 몇 가지 장난감을 비치해두는데 크리스탈은 내가 이름을 부르는 것도 듣지 못할 정도로 인형놀이에 정신이 팔려 있었다. 그런데 내가 엄마와 인사를 하고 있는 사이에 옆에 앉아 있던 다른 아이가 "이 인형 나도 가지고 놀래!" 하며 인형을 가로챘다.

크리스탈은 아무 말도 못하고 금방이라도 눈물이 뚝뚝 떨어질 것 같은 눈으로 달려왔고 엄마는 말했다.

"괜찮아. 우리 크리스탈은 착하니까 참자. 참는 사람이

이기는 거야. 아이, 착해라."

　사람은 자신의 생각을 표현하는 방식에 따라 세 그룹으로 나뉜다. 공격적인 사람, 소극적인 사람, 그리고 단호한 사람이다. 공격적인 사람은 물불을 가리지 않고 덤벼들어 상대방에게 자신이 원하는 것을 강요한다. 소극적인 사람은 상대방에게 나쁘게 보일까 두려워 자신의 생각을 숨기고 표현하지 않는다. 단호한 사람은 상대방을 기분 나쁘게 하지 않고 무례하지 않게, 그러나 단호하게 자신의 생각을 전달한다.

　학교나 놀이터 등 아이들이 많이 모여 있는 곳에서 유심히 관찰해보면 아이들도 대체로 이 세 그룹 중 하나에 속한다는 것을 알 수 있다.

　아이들이 급식을 먹기 위해 줄을 서 있는 상황을 상상해보자. 자기 차례를 기다리며 조용히 줄을 서 있는데 어떤 아이가 뒤늦게 나타나더니 바로 앞에 끼어들며 새치기를 한다. 이때 공격적으로 의사표현을 하는 아이는 "야! 너 왜 새치기 해? 네가 뭔데 앞에 끼어들어? 뒤로 가지 못해?" 하며 새치기한 아이를 밀친다.

　소극적인 아이는 속으로는 화가 나지만 꾹 참고 자신의 생각을 표현하지 않으며 가만히 있는다.

　단호한 아이는 차분한 목소리로 그러나 명확하게 "내가 먼저 와서 줄을 서 있었으니까 다음 차례는 나야. 너도 줄을 서서 네 차례를 지켜주면 좋겠어"라고 말한다.

'단호함'은 무례하지 않게, 상대방을 기분 나쁘지 않게 하면서도 자신이 원하는 것을 확실하게 말하는 것이다. 이러한 점에서 상대방을 억누르면서 무례하게 자신의 생각만을 강요하는 '공격성'과는 큰 차이를 보인다.

인형을 빼앗기고도 아무 말 못했던 크리스탈은 자신의 생각을 표현하지 않고 욕구를 억제하는 소극적인 그룹에 속하는 아이였다. 크리스탈은 학교에서 친구들에게 놀림을 당하고 왕따를 당하는 등 학교생활과 친구관계에서 많은 어려움을 겪고 있었다. 아이가 학교에서 울며 돌아올 때마다 엄마는 "우리 착한 크리스탈이 참아라. 착한 아이는 참는 거야"라고 했지만 사실상 그 말이 해결해주는 것은 아무것도 없었다.

크리스탈처럼 의사표현에 소극적인 아이는 시종일관 '착하다'는 말을 듣는다. 그러나 때와 상황의 구분 없이 항상 '착한' 아이의 태도는 결국 아이가 사람들에게 무시당하고 이용당하는 결과를 가져온다.

매사에 참으라고 배운 아이는 상대방이 나를 싫어할까 봐 혹은 다른 사람에게 욕을 먹을까 봐 나의 욕구는 꾹 참고 마음속에 담긴 의견과 생각은 접어둔 채 무조건 상대방의 주장을 따른다. 또한 상대방에게 "싫어"라는 의사표현을 하지 못하기 때문에 가령 사춘기에 접어들어 또래 친구들이 담배를 피면 싫더라도 친구들과 어울리기 위해 따라서 담배를 피는 등 또래 집단에서 자기주장을 표현하지 못하고 친구들이 하자는 그대로 따르기 쉽다.

이런 아이가 성인이 되면, 인간관계에서도 스스로 주체가 되어 사람들을 골라 사귀는 것이 아니라 사람들이 나를 선택하면 무조건 따라 어울리는 사람이 된다. 단순히 '아는 사람'과 나를 진정으로 위하고 내게 꼭 필요한 '친구'를 구분할 줄 모르기 때문에 내게 다가오는 모든 사람들과 어울리는 것이다. 단호한 의사표현법을 배우지 못했기 때문에 남의 청을 거절하지 못해 이리저리 불려다닌다. 이들은 내가 주체가 되는 것이 아니라 다른 사람에게 맞추어 따라가기 때문에 정작 나 자신의 생활은 없고 다른 사람들을 위한 삶을 산다.

친절하지만 단호하게

아이가 때에 따라 "싫어" "안 돼"와 같은 말을 할 수 있도록 하는 것은 중요하다. "싫어" "안 돼"와 같은 거절의 말을 못하는 사람은 다른 사람으로부터 거절의 말을 들었을 때도 쉽사리 받아들이지 못하여 스트레스의 원인이 된다.

"나는 싫어도 다 해줬는데 어떻게 쟤는 나한테 저럴 수 있지?"라고 말한다면 평소 남의 요구를 거절하지 못하는 사람일 가능성이 크다. 그러나 상대방의 부탁이나 요구에 무례하지 않고 공손하게 대하지만 명확히 거절의 의사를 밝히는 사람은 다른 사람이 내 부탁을 거절해도 '그럴만한 사정이 있으니까 거절하겠지. 못할 수도 있는 거지 뭐' 하며 상대방의 거절을 기분 나빠하지 않고 중립적으로 받아들이게 된다.

아이가 단호하게 의사표현을 하도록 하기 위해서는 '다른 사람들이 나를 어떻게 생각할까' 하는 태도에서 벗어나 나 자신의 생각과 감정에 초점을 맞추도록 해주어야 한다. 싫어도 남들 눈을 의식해서 무조건 해야 하는 것이 아니라, 싫으면 싫다는 의사를 표현하고 하지 않아도 괜찮다는 것을 알려주는 것이다.

모든 사람의 생각과 의견은 똑같이 중요하며 어느 한 사람의 의견이 더 중요한 것은 아니다. 다른 사람이 나와 다른 생각을 가지고 있는 것은 당연한 것이므로 상대방과 의견 불일치를 보이는 것은 괜찮지만 그렇다고 그 사람의 생각을 내가 따를 필요는 없다는 것을 알려주자. 단호한 사람은 모든 사람들이 다 좋아하지 않을지는 몰라도 존중을 받는다. 나와 의견이나 생각이 다르고 나를 좋아하지 않는 사람이라면 굳이 어울릴 필요가 없다.

모든 사람들이 나를 좋아하길 바라는 것은 비현실적이고 불필요한 욕심일 뿐이므로 내가 원하는 것을 억지로 참으면서까지 나와 생각이 다른 사람의 의견을 따를 필요는 없기 때문이다.

형제자매 사이에도 아이가 형, 누나라는 이유로, 혹은 동생이라는 이유로 무조건 참을 것을 강요하지 않도록 하자.

"네가 누나니까 참아" "남자인 네가 참아야지"와 같은 말은 설득력이 없을 뿐만 아니라 아이에게 감정을 억제하여 숨기도록 하는 것이므로 좋지 않다. 감정을 억제하도록 하기보다는 어떻게 하면 의사표현을 올바로 하여 문제를 해결할 수 있을지 아이와 함께 궁리해보는 것이 바람직하다.

"동생이 물어보지도 않고 책상서랍을 열어봐서 화가 났구나. 그럼 뭐라고 말하면 동생이 다음부터 좀 더 조심할까? '나는 누가 내 허락 없이 내 물건을 만지면 화가 나. 다음부터는 나한테 먼저 물어봐줬으면 좋겠어. 그럼 내가 빌려줄게'라고 하면 어떨까? 가서 동생에게 이대로 말해볼래?"

단호하게 자신의 의사를 표현하고 때에 따라서는 "싫어"라는 말을 할 수 있는 아이는 그렇지 않은 아이보다 대화기술이 더 뛰어나고 자존감도 높다.

법칙 6.
'어른스럽다'는 칭찬은 피하자

자녀를 많이 출산한 '다둥이네'에 관한 기사를 접했다. 부모는 "큰 아이들이 어린 아이들을 키우다시피 하며 부모 노릇까지 해서 아이들이 많아도 힘들지 않다"고 했다.

많은 부모들이 가지고 있는 위험한 생각 중의 하나가 바로 아이에게 '부모 노릇'을 시키는 것이다. 심리학 용어로 '부모화된 아이'parentified child 혹은 '어른화된 아이'adultized child라고 하는 이런 아이는 아이가 아이로서가 아니라 부모의 역할을 하면서 산다. 즉 몸은 아직 아이지만 어른의 역할을 일방적으로 부여받는 것이다.

홀어머니가 하나뿐인 아들을 '집안의 남자'로 묘사하거

나, 이혼한 아버지가 집안일을 도맡아 하는 딸아이를 자랑스럽게 말하고, 바쁜 부모를 대신해 큰 아이가 어린 동생들에게 밥을 해먹이고 돌보는 경우가 이에 해당한다. 주로 외동아이, 첫째 아이, 조숙한 아이 혹은 한 부모 가정이나 이혼가정 등의 아이에게 많이 보이는 현상이다.

우울증으로 클리닉을 찾은 열세 살 남자아이 지후(가명)는 엄마와 단 둘이 살았다. 지후와 엄마는 방 한 칸짜리 집에 살면서 항상 밥도 같이 먹고 나란히 누워서 잠도 같이 잤다. 엄마는 지후에게 입버릇처럼 "넌 남자니까 엄마를 지켜줘야 해"라고 말했다고 한다. 상담실에서도 "애가 얼마나 어른스러운지 항상 엄마를 먼저 챙겨주고 엄마 걱정만 해요"라고 칭찬했다. 지후도 "엄마는 내가 없으면 안 돼요. 엄만 내가 없으면 밥도 안 먹어서 전 무슨 일이 있어도 밥은 항상 집에 가서 먹어야 해요"라고 어른스러운 반응을 보였다.

우리가 소위 '애어른'으로 부르는 어른스럽고 점잖은 아이들은 또래 아이들보다 성숙하고 언어 구사 능력도 뛰어나기 때문에 부모에게 든든한 힘이 되어준다. 이런 아이를 둔 부모는 결혼생활의 갈등과 어려움 등 어른들만의 문제를 아이에게 호소하여 의논하면서 위로의 말을 듣길 바란다. 배우자와 주고받아야 할 정서적 친밀함을 아이에게서 대신 받으려 해 "난 이 아이만 있으면 남편(혹은 아내)은 필요 없어요"라고 말하는 사람도 있다.

그러나 이는 부모가 아이에게 심리적으로 기대는 상태로 이런 관계가 지속되면 아이는 부모로부터 돌봄을 받는 것이 아니라 거꾸로 아이가 부모를 돌보는 상황, 즉 심리적으로 아이가 부모에게 부모 역할을 해주는 상황이 된다.

아이는 아이다

우리가 잊지 말아야 할 것은 아무리 어른 같은 아이라도 어디까지나 아이라는 점이다. 아이는 심리적으로 불안정한 부모를 걱정하여 '집안의 남자' '집안일을 도맡아 하는 딸' '동생들을 돌보는 책임감 있는 맏이' 등의 역할을 묵묵히 해내며 부모의 필요를 채우려 노력한다. 그러나 인생에 단 한 번뿐인 유년기에 '아이'로서 살지 못한 아이는 성인이 된 후에도 부모만을 걱정하고 부모의 필요를 채우는 것을 우선시하여 정작 자신의 결혼생활에 어려움을 겪기도 한다.

아동심리학자인 실비아 림 박사는 '부모화된 아이'의 부작용으로 자신감 저하를 지적했다. 어른의 권한을 부여받은 아이는 그 많은 권한을 스스로 어떻게 제한해야 할지 몰라 불안한 심리를 가지게 된다. 게다가 집에서는 과도한 권한을 가지고 어른과 동등한 대우를 받지만 학교나 친구들 사이에서는 아이가 받아야 할 만큼의 적은 권한을 부여받기 때문에 무시당하는 느낌을 받으며 자신감이 떨어진다는 것이다.

아이는 아직 어른만큼의 능력을 채 발달시키지 못한 까닭에 주어진 일을 어른처럼 잘해내지 못하는 자신의 모습을 보며 큰 부담감을 가진다. 항상 자신을 또래 아이들이 아닌 어른과 비교하기 때문에 자신감이 떨어지고, 또래들 사이에서도 어른처럼 행동하려 하기 때문에 친구관계에 어려움을 겪는다.

아이는 '작은 어른'도 아니고 '나의 축소판'도 아니다. 아이의 정서적 필요를 채워주어야 할 사람은 부모이며, 아이가 부모의 필요를 채워서는 안 된다. 아이에게 어른의 역할을 부여하는 '어른스럽다'는 칭찬을 피하자. 어른스러운 아이가 아닌, '아이스러운' 아이로 유년기를 즐기도록 아이다움을 칭찬하자.

법칙 7.
잘못된 칭찬은
불안감을 안겨준다

요즘 아이들은 하나같이 다 예쁘다. 내 유년기에는 주위에서 어렵지 않게 볼 수 있었던 코흘리개나 구멍 난 꺼벙이 머리를 한 아이는 이제 찾아보기 힘들다. 대신 예쁘고 잘생긴 얼굴에 세련된 헤어스타일과 옷차림까지 완벽한 아이들이 대부분이다. 그런 아이들을 볼 때마다 저절로 '예쁘다'는 탄성이 나올 때가 많다.

그러나 얼굴이 유난히 예쁜 아이를 보면 나는 걱정이 앞선다. 아이가 그동안 사람들로부터 얼굴이 예쁘다는 칭찬을 얼마나 많이 들었을까 싶어서다. 실제로 내가 만나본 많은 부모들이 "우리 아이는 어렸을 때부터 하도 예쁘다는 말을 많이 들었더니 자기가 진짜로 세상에서 제일 예쁜 줄 알아요"라고 말했다.

한 텔레비전 프로그램에서 다섯 살 가량의 여자아이가

레이싱모델 의상을 입고 나온 것을 보고 소스라치게 놀란 적이 있다. 한눈에 보기에도 뛰어난 외모를 가진 그 아이는 진한 화장에 어른 흉내를 내며 입술을 오므려 내밀기도 하고 어깨를 드러내며 윙크를 하는가 하면 옆으로 서서 야릇한 포즈를 취하기도 했다. 아이는 이미 외모로 사람들의 관심을 끄는 방법을 알고 있었고 그런 행동은 아이가 그동안 외모에 관한 칭찬을 수없이 들어왔음을 보여주고 있었다.

"우리 효주가 세상에서 제일 예쁘게 생겼어" "우리 수빈이는 나중에 축구선수를 하면 유명해질 거야"와 같이 아이의 어느 한 부분만 짚어서 반복적으로 칭찬을 하게 되면 아이는 부모가 제일 중요하게 여기는 것은 외모 혹은 축구실력이라고 생각하게 된다.

칭찬을 받기 위해 아이는 부모가 원하는 '외모가 예쁜 아이' '타고난 축구선수'의 이미지로만 자신을 발달시키려 노력하여 결과적으로 다른 재능이나 관심은 퇴화되기 쉽다. 칭찬을 받지 않는 다른 것으로 부모의 관심을 얻으려고 노력할 필요를 느끼지 못하기 때문이다. 만약 효주가 글쓰기에 소질을 보이는데 부모가 외모만 집중적으로 칭찬하면 아이는 글쓰기 능력을 하찮게 생각하고 부모가 가장 중요하게 여기는 외모로 칭찬을 받기 위해서 외모 가꾸는 것에만 온 신경을 쏟아붓게 된다.

마찬가지로 수빈이가 만약 뭔가 새로운 것을 발명해내

는 것에 흥미를 느끼더라도 부모의 칭찬을 받기 위해서 발명보다는 축구를 잘하려 애쓰면서 발명에 대한 흥미는 점점 잃게 될 수 있다.

잘못된 칭찬이 가져오는 불안감

이러한 잘못된 칭찬은 아이에게 불안감을 안겨준다. 아이는 '우리 엄마는 얼굴이 예쁜 사람을 좋아하는구나' '우리 아빠는 축구를 잘해야 좋아하는구나'라고 생각하며 자신의 외모가 미워질까 봐 혹은 축구를 잘 못하게 될까 봐 걱정하고 부담을 가지게 되는 것이다.

칭찬이든 아니든 아이에게 외모에 대한 말은 특히 피하는 것이 좋다. 외모는 타고나는 것이지 아이의 노력으로 바뀔 수 있는 것이 아니기 때문이다. 아이의 외모가 남들보다 못하다고 여겨질 경우에도 "크면 쌍꺼풀 수술 해줘야지" "코만 좀 더 높았더라면 예뻤을 텐데" 등과 같이 아이의 외모에 대한 불만을 말하면 아이는 자신의 외모에 문제가 있다고 믿게 되며 이는 바로 열등감으로 이어진다. 또한 부모로부터 예쁜 외모나 축구 실력으로 칭찬받던 아이가 점점 커서 사춘기에 접어들어 더 이상 외모가 예쁘지 않고 축구를 잘하지 않는다는 것을 깨닫게 되면 절망감은 더욱 커진다.

부모의 칭찬은 곧 관심을 의미한다. 아이는 선천적으로 부모의 관심을 받고 싶어 하기 때문에 부모의 관심을 끌 수 있는지 없는지에 따라 행동한다. 아이는 부모의 말을 진실로 받아들여 세상을 보는 눈을 배우고 자신의 사고방식과 가치관을 정립한다. 가령 텔레비전을 보다가 "쟤는 너무 예쁘게 생겼어" "쟤는 저렇게 못생겼는데 어떻게 텔레비전에 나오냐"와 같이 부모가 무의식적으로 던지는 말을 들은 아이는 '사람은 외모로 판단해야 한다'는 것을 배운다. "우리 엄마는 내가 밥을 잘 먹어서 착하대요" "우리 아빠는 내가 인사를 잘해서 예쁘대요" 등과 같은 말은 아이가 부모의 칭찬을 통해 밥을 잘 먹는 것과 인사를 잘하는 것이 중요하고 올바른 행동이라고 배웠음을 보여준다.

아이가 다양한 분야에 관심을 가져 자신의 새로운 재능을 발견하고 올바른 가치관을 가지길 원한다면 아이의 한 부분만을 강조하는 칭찬은 피하는 것이 좋다.

스스로 깨달아 올바른 행동을 하게 만드는 꾸중의 기술

부정문이 아닌 긍정문으로

내가 상담치료를 수련했던 예일대 소아정신클리닉에는 십여 개의 상담실이 있는데 연구원들이 공동으로 사용하기 때문에 미리 예약을 해야 한다. 상담하는 동안 슈퍼바이저가 반투명 거울을 통해 치료과정을 지켜볼 수 있는 특수 상담실도 있고 방의 크기도 저마다 각각 다르기 때문에 상담을 할 아이가 어떤 아이인가에 따라 그에 알맞은 상담실을 예약하게 된다.

아이의 상태가 심각할 경우에는 반투명 거울이 설치되어 있는 상담실을 예약하여 내가 상담을 하는 동안 거울 반대편에서 슈퍼바이저와 정신과 의사를 포함한 치료 팀원들이 지켜본 뒤 치료방법을 함께 논의했다.

주의력결핍 과잉행동 장애가 있는 아이와 상담할 때는 산만한 아이가 치료 도중 다른 곳으로 주의를 흩뜨리지 않도록 아이의 관심을 끌 만한 물건이 아무것도 없는 방이 필요하다. 심지어 커튼조차 달리지 않은 방이 좋다. 가족치료를 할 경우에는 여러 명의 가족이 한꺼번에 들어갈 수 있는 좀 더 큰 상담실을 예약한다. 폭력적인 아이는 감정이 폭발할 경우 물건을 던질 수 있기 때문에 위험한 물건은 없는지 상담실에 있는 가구까지 살펴야 한다.

열두 명의 연구원들이 돌아가면서 상담실을 사용하기 때문에 매주 다른 상담실을 써야 했다. 그러나 상담실이 곳곳에 흩어져 있어 아이와 부모가 상담실을 찾기란 쉬운 일이 아니었다. 따라서 연구원이 아이를 대기실에서 만나 미리 예약해놓은 상담실로 직접 안내했다.

대기실에서 만난 아이와 긴 복도를 지나 상담실까지 함께 가는 동안 아이들은 가지각색의 행동을 한다. 고개를 숙이고 얌전히 걷는 아이, 내 옆에 바짝 붙어 재잘거리며 걷는 아이, 멀리 떨어져 천천히 걷는 아이, 콧노래를 흥얼거리며 춤추듯 몸을 흔들거리며 걷는 아이, 내 앞을 가로지르며 이리저리 뛰는 아이 등 어느 한 아이도 같은 모습을 보이는 경우가 거의 없었다. 그 중 뛰어다니는 아이들은 넘어져 다칠 위험도 있고 다른 사람과 부딪칠 수 있어 통제가 필요하다.

뛰는 아이에게 "뛰지 마!"라고 아무리 이야기해도 아이는 듣지 않는다. 들어도 그 순간에만 잠시 걸음을 늦추는 듯하다가 다시 속도를 내어 뛴다. 어떻게 하면 복도에서 아이가 뛰지 않게 할 수 있을까 하는 것이 나의 고민 중 하나였다.

여섯 살 비키도 복도에만 들어서면 단거리 육상선수로 돌변했다. 그 날도 비키는 뜀박질을 할 기미를 보였고 나는 무릎을 구부려 비키의 눈을 마주 바라보며 두 손을 살며시 잡고 말했다.

"비키야, 이곳은 사람들이 많이 지나다니는 곳이기 때문에 천천히 걸어야 해. 저길 봐, 사람들이 모두 천천히 걷고 있지? 선생님은 비키가 뛰다가 넘어져 다칠까 봐 걱정이 돼. 어떻게 하면 비키가 천천히 걸을 수 있을까? 선생님이 손을 잡아주면 천천히 걸을 수 있겠니?"

비키는 살짝 웃음을 지으며 고개를 끄덕였고 내가 손을 내밀자 꼭 잡았다. 그리고 그날 비키는 처음으로 복도를 천천히 걸었다.

문제행동을 보이는 아이를 보면 부모들은 당장 "하지 마!" "안 돼!"라고 말한다. 부모뿐만이 아니라 대부분의 사람들이 평소에 부정문 화법을 많이 쓴다.

"동생이랑 싸우지 마."

"길에서 뛰지 마."

"욕하지 마."

"울지 마."

"소리 지르지 마."

"옷 좀 아무데나 벗어놓지 마."

일곱 살 소라가 식당에서 엄마와 점심을 먹고 있는 상황을 예로 들어보자.

오후에 모임 약속이 있어 마음이 급한 소라 엄마는 음식을 깨작거리고 있는 소라의 모습이 영 탐탁지 않다. 빨리 먹으라고 재촉해도 소라는 밥 먹는 게 시원치 않고 손에 들고 있는 휴대전화에 정신이 팔려 있다. "엄마 말 안 들려? 휴대전화 그만 보고 빨리 먹으라니까!" 하고 야단을 치자 소라는 입이 뾰로통해진다. 식사를 마친 소라 엄마는 그때까지도 그대로 남아있는 소라의 밥그릇을 보면서 날카롭게 소리친다.

"너 빨리 밥 안 먹으면 엄마 모임에 안 데려갈 테니까 그런 줄 알아!"

엄마의 호통에 소라는 순간 '으앙~' 하고 울음을 터뜨린다. 식당 안에 있던 많은 사람들이, '애 좀 어떻게 해서 울음을 그치게 해보라'는 듯 짜증 섞인 표정으로 소라 엄마를 쳐다본다. 당황한 소라 엄마는 "울지 마! 뚝 그쳐! 뭘 잘 했다고 울어!" 하고 아이를 혼내보지만, 소라는 울음을 그치기는커녕 점점 더 크게 운다.

울고 있는 아이에게 "울지 마!"라고 얘기하면 아이는 그 순간 울음을 그치는 것이 아니라 더 크게 울게 된다. 그러면 엄마는 말을 듣지 않고 계속 우는 아이를 보며 더 화가 날 것이고 아이를 더 다그치게 된다. 상황을 해결하는 것이 아니라 오히려 더욱 악화시키는 결과가 된 것이다.

아이의 입장이 되어서 상황을 다시 생각해보자.

내가 무언가 속상한 일이 있어 눈물을 흘리며 엉엉 울고 있다고 가정해보자. 남편은 울고 있는 날 보더니, "울지 마! 뚝 그쳐! 무슨 초상이 났다고 울어!"라며 윽박지른다. 이 말을 듣는 순간 뚝 하고 울음이 당장 그쳐질까? 그렇지 않다. 남편이 야속하고 미워 보일 것이고 서러운 마음에 울음소리는 더 커질 것이다.

그러나 남편이 만약 차분한 목소리로 "무슨 일이 있었어? 무슨 속상한 일이 있었는지 차근차근 말해 봐. 당신이 이렇게 우는 걸 보니 뭔가 아주 속상한 일이 있었던 모양이군" 하며 마음을 헤아려주는 말을 한다면 어떨까. 당장 울음을 그치고 하소연을 하고 싶어지면서 상했던 마음이 풀어지지 않겠는가.

아이들도 마찬가지다. 우는 아이에게 "울지 마!"라고 짜증 섞인 목소리로 말하면 아이는 엄마가 야속하게 느껴져 더 크게 울기 마련이다. 이럴 때는 긍정문으로 풀어서 부드러운 목소리로 "정말 속상한 일이 있었나 보구나. 뭐가 슬픈지(혹은 속상한지) 엄마한테 차근차근 말해보렴"이라고 말하는 것이 아이의 마음을 누그러뜨려 울음을 그치도록 도와준다.

여기서 포인트는 바로 부정문이 아닌 긍정문 어법이다. '~하지 마'라는 부정문을 사용해 아이의 문제행동을 지적하지 말고 아이가 했으면 하는 이상적인 행동을 긍정문으로 말하는 것이다.

소라 엄마는 소라를 야단치며 "밥 안 먹으면 엄마 모임 갈 때 안 데려갈 거야" 하며 '~안 하면 ~안 해줄 거야'의 부정어법을 사용했다.

소라의 귀에는 앞문장인 '밥 안 먹으면'은 들리지 않고 다만 '안 데려갈 거야'라는 뒷문장만 남았다. 엄마가 나를 데려가지 않겠다는 말에 순간 아이는 엄마한테 버림받을지 모른다는 불안함을 느끼며, 불안함은 곧 두려움으로 변해서 울음을 터뜨리게 되는 것이다.

~하면 ~할 수 있어

이러한 부정어법은 아이에게 스트레스를 안겨줄 뿐, 정작 아이의 행동을 바꾸지는 못한다. 이때는 부정어법 대신 '~하면 ~할 수 있어'의 긍정어법을 사용하는 것이 더욱 효과적이다.

즉, "밥 안 먹으면 안 데려갈 거야"가 아니라 "밥 다 먹으면 같이 갈 수 있어"라고 말하는 것이다.

　　긍정문을 들은 아이는 자신이 무슨 행동을 해야 엄마가 나를 데려가줄지 정확히 알게 되기 때문에 혼란스러워 하지 않으며, 원하는 행동을 하면 날 데려갈 거라는 걸 알고 안심하면서 바른 행동을 하려는 마음이 생긴다.

　　부정문의 경우 말하는 사람이 상황을 지배하므로 듣는 사람에게 무력감을 주어 아이는 자신의 잘못은 인정하지 않고 부모를 탓하게 된다.

　　"밥 빨리 안 먹으면 모임에 안 데려갈 거야!"라는 말은 "엄만 널 안 데려갈 거야"라는 의미로 들리게 마련이다. 아이는 내 의지와는 상관없이 엄마가 나를 두고 가버릴 거라고 생각한다. '내가 밥을 빨리 먹지 않았기 때문이야'라고 원인을 자신에게서 찾는 것이 아니라 '날 안 데리고 가겠다니 엄만 정말 나빠'라고만 생각하는 것이다.

　　하지만 긍정문은 아이가 어떤 행동을 하느냐에 따라 결과가 달라진다는 것을 의미한다. "밥 다 먹으면 같이 갈 수 있어"는 아이가 밥을 다 먹으면 같이 갈 수 있고 다 먹지 않으면 같이 갈 수 없으므로 상황을 컨트롤할 수 있는 선택권을 아이에게 주는 것이다. 선택권을 받은 아이는 스스로 결정하고 행동한 것에 맞는 결과가 뒤따른다는 것을 깨닫고 자신의 행동에 책임을 지게 된다.

"동생이랑 싸우지 마"는 "동생이랑 사이좋게 말로 얘기해"로, "길에서 뛰지 마"는 "길에서 천천히 걷자"로, "욕하지 마"는 "고운 말을 써라"로, "울지 마"는 "무엇이 슬프고 속상한지 차근차근 말해 봐"로, "소리 지르지 마"는 "조용조용 얘기해라"로, "옷 좀 아무데나 벗어놓지 마"는 "벗은 옷은 빨래통에 넣자"로 바꿔 말한다면 아이의 행동에 변화가 보일 것이다.

"안 돼!" "하지 마!"라는 말을 들으면 아이는 순간 멈칫하면서 어떻게 행동에 변화를 주어야 할지 혼란스러움을 느끼지만 긍정화법으로 행동을 명확하게 이야기해주면 아이는 정확한 메시지를 전달받고 실행에 옮기게 된다.

또한 무조건 안 된다고 하기 보다는 언제 그 행동을 해도 괜찮은지 긍정문으로 바꿔서 말하는 것이 효과적이다.

"숙제 다 하기 전엔 텔레비전 보면 안 돼" 대신, "숙제를 다 마친 후엔 언제든지 텔레비전 봐도 돼"라고 하는 것이다. 전자는 '안 돼!'가 강조되기 때문에 반발심을 불러오지만 후자는 순순히 허락해주는 느낌을 주기 때문에 아이는 부모의 말을 행동으로 옮기려는 마음이 생긴다.

아이가 말을
한 번에 듣지
않는 이유는?

임상수련을 받는 첫날이었다. 클리닉 디렉터인 폴라 암부르스터 교수님과 여러 임상교수님들이 아침식사를 준비해 놓고 새로 뽑힌 우리 연구원들을 기다리고 있었다. 회의용 긴 사각 테이블 위에는 신선한 샐러드와 각종 과일, 갓 구운 따끈따끈한 베이글과 머핀, 향이 좋은 커피와 오렌지주스 등으로 가득했다. 환호성을 지르는 우리에게 암부르스터 교수님은 "오늘은 첫날이라 여러분을 환영하는 의미에서 아침을 준비했어요. 매일 이렇게 주는 거 아니니까 오늘 많이 먹어둬요. 아침식사가 끝나면 곧바로 첫 수련에 들어갑니다"라고 말했다. 세인트 루이스에서 온 제시카, 캘리포니아에서 온 셰릴, 위스콘신에서 온 린디아,

유타에서 온 에이미 등 새로운 동료들과 인사를 나누며 설레는 마음으로 수련시간을 기다렸다.

"자, 대기실에서 기다리는 엄마와 아이를 어떻게 맞이할지 한번 재연해볼까요."

아침식사를 마친 뒤 곧바로 수업이 시작되었고, 캐더린 호건 교수님의 말에 엄마 역할, 아이 역할, 그리고 상담자 역할을 배정받은 세 사람이 앞으로 나갔다. 상담자는 의자에 앉아있는 엄마와 아이를 향해 다가가 아이 앞에 멈추어 서더니 말했다.

"안녕, 지미야. 나는 미스 셰릴이라고 해."

상담자가 아이에게 인사를 하자마자 교수님은 우리를 향해 말했다.

"잠깐만, 여기서 잘못된 것 두 가지가 있어요."

교수님의 말에 연구원들은 모두 의아한 표정으로 쳐다보았다.

"첫 번째, 인사를 건넬 때는 아이에게 먼저 하는 것이 아니라 아이를 데리고 온 보호자에게 먼저 해야 합니다. 클리닉에 오기로 결정하는 사람은 아이가 아니라 보호자이기 때문이지요. 보호자에게 먼저 인사를 건넴으로써 아이보다 보호자가 더 윗사람임을 인정하고 존중하는 겁니다."

"두 번째, 보호자와 인사를 마친 후에는 아이와 인사를 하는데 이때 가장 중요한 것은 바로 아이와 눈높이를 맞추는 것입니다. 반드시 아이 앞에 무릎을 구부려 키를 낮춘 후 아이와 같은 눈높이에서 말을 건네야 합니다."

그날 '아이와 눈높이 맞추기'에 대한 수련은 나에게 놀라운 경험이었다. 가장 기본적인 것이지만 이를 아는 것과 알지 못하는 것은 하늘과 땅 차이이기 때문이다. 아무리 뛰어난 상담 기술을 가지고 있다고 해도 아이와 눈높이를 맞추지 않는다면 대화는 좀처럼 진전을 보일 수 없다.

네 살짜리 토비를 처음으로 만난 날 나는 아이의 부모를 포함한 세 명을 상담실로 안내했다. 아이의 엄마 아빠는 상담실 중앙에 놓인 빈 의자에 앉았지만 아이는 무슨 이유에서인지 갑자기 구석에 있는 탁자 밑으로 들어가더니 웅크리고 앉아 나오질 않았다. 당황한 부모는 의자에 앉은 채 아이를 소리쳐 불렀다.

"토비야, 얼른 나와. 선생님 앞에서 버릇없게 이게 뭐하는 짓이니? 여기선 그러는 거 아냐. 빨리 나와서 이 의자에 앉아. 아이, 착하지."

부모는 아이를 나무라기도 하고 얼러보기도 했지만 아이는 한참 동안 꼼짝도 하지 않았다.

아이와 대화를 하기 위해서는 제일 먼저 눈높이를 맞춰야 한다는 것을 알지 못했더라면 아마 그 순간 나도 토비 부모처럼 당황했을지 모른다. 그러나 나는 우선 아이와 키를 맞춰 눈을 마주쳐보기로 하고 아이가 웅크리고 있는 탁자 밑으로 엉금엉금 기어들어갔다. 부모는 물론 아이도 나의 이러한 행동에 놀란 듯했다.

　　탁자 밑에 들어간 나는 아이와 마주앉아 눈을 똑바로 쳐다보며 말했다.

　　"토비야, 선생님은 너랑 친해지고 싶은데 네가 탁자 밑에 이러고 있으니까 얘길 할 수가 없어. 토비가 탁자 밖으로 나왔으면 해."

　　나의 얼굴을 물끄러미 쳐다보던 아이는 무엇이 재미있는지 킥킥거리며 웃었다.

　　"선생님이 어떻게 하면 토비가 마음이 편안해져서 탁자 밖으로 나가고 싶은 마음이 들까? 선생님이 손을 잡아주면 어떻겠니? 선생님 손을 잡으면 밖으로 나올 수 있겠니?"

　　내 말이 끝나자 아이는 빙긋 웃음을 지으며 내 손을 잡았고 탁자 밖으로 나와 얌전히 의자에 앉았다. 토비는 한번 탁자 밑에 들어가면 혼자 스스로 나오기 전에는 절대로 나오는 적이 없다며 부모는 놀라움을 감추지 못했다.

　　대화를 할 때 두 사람이 각각 서로 다른 눈높이에 있게 되면 낮은 위치에 있는 사람은 두려움, 불안함, 위축감 등을 느끼게 된다. 예를 들어 몸이 아파 병원에 입원을 하게 되었다고 상상해보자. 환자복을 입고 침대에 누워 있는 나에게 의사가 다가와 내 현재 상태에 대해서 말한다. 누워 있는 나를 위에서 내려다보며 주머니에 두 손을 꽂은 채 자기 말만 하고 나가는 사람과 내 침대 옆으로 의자를 가까이 끌어당기고 앉아 나와 눈높이를 같이 하고 차근차근 설명해주는 사람 중 어느 사람의 말에 더 귀를 기울이게 될까?

똑같은 이야기를 하더라도 후자의 경우와 같이 상대방이 나의 위치로 내려와 대화를 하면 이야기를 듣는 사람은 두려움보다는 편안함을, 불안함보다는 안정감을, 위축감보다는 동등함을 느끼게 된다. 이 경우 단 5분을 할애하더라도 듣는 사람 입장에서는 말하는 사람이 날 위해 모든 관심을 백 퍼센트 쏟아주고 있다는 느낌을 받게 되기 때문이다.

그러나 상대방이 나를 위에서 아래로 내려다보거나 나와 동떨어진 거리에서 말하면 이야기를 듣는 사람은 위축감과 불안함을 느끼고 상대방이 건성으로 말하는 것 같은 느낌을 받아 듣는 사람도 집중하지 않게 된다.

"도대체 몇 번을 말해야 알아듣겠어?"

일곱 살 혜리가 텔레비전 앞에서 만화를 보고 있는 상황이다. 부엌에서 설거지를 하던 혜리 엄마는 하던 일을 멈추고 아이를 부른다.

"혜리야, 조금 있다가 할머니 댁에 가야 하니까 이제 텔레비전 끄고 나갈 준비해야지. 얼른 방에 가서 옷 갈아입고 나와."

하지만 엄마가 한 말을 들었는지 못 들었는지 혜리는 텔레비전 앞에서 꼼짝도 않는다. 혜리 엄마는 더 큰 목소리로 "혜리야! 엄마 말 안 들려? 텔레비전 그만 보고 빨리 가서 옷 입으라니까!"

혜리는 건성으로 "알았어"라고 대답하지만 여전히 텔레비전에서 눈을 뗄 줄 모른다. 결국 화가 난 엄마는 부엌에서 뛰쳐나와 아이에게 소리를 지른다.

"혜리야! 넌 왜 엄마가 한 번 말하면 말을 안 듣는 거니? 도대체 몇 번을 말해야 알아듣겠어?"

아이는 방에 있고 엄마는 거실에 있으면서, 혹은 아이는 거실에 있고 엄마는 부엌에 있는 등 많은 부모들은 아이와 서로 다른 장소에 있을 때 소리쳐서 대화를 하는 경우가 많다. 그러나 이것은 아이와 대화하는 데 가장 효과적이지 못한 방법으로 부모가 이런 대화법을 자주 쓰게 되면 아이는 부모의 말을 건성으로 듣는 습관이 생긴다.

엄마의 말을 듣고도 행동으로 옮기지 않는 아이 때문에 엄마는 말을 한 번 하는데 그치지 않고 두 번, 세 번, 다섯 번씩 반복적으로 하게 된다. 아이가 말을 한 번에 듣지 않기 때문에 결국 엄마는 똑같은 말을 계속 하는 잔소리꾼이 되어버리는 것이다.

아이와 이야기할 때 가장 먼저 해야 할 것은 바로 눈높이를 맞추는 것이다. 서로 멀리 떨어져 있다면 아이에게 가까이 다가가 바로 앞에서 말한다. 거실에 앉아 있는 아이에게 부엌에서 아무리 소리 지르며 말해보았자 아이는 엄마의 말을 한 귀로 듣고 한 귀로 흘려버리기 마련이다. 방바닥에 앉거나 무릎을 구부려 먼저 눈높이를 맞춘 후 아이의 눈을 직접 쳐다보고 말하자.

아이가 딴청을 부리거나 다른 일에 몰두해 있다면 아이 곁으로 다가가 어깨에 살짝 손을 얹고 눈을 똑바로 쳐다보며 말하는 것도 방법이다. 아이는 '엄마가 지금 나를 주목하고 있고 엄마의 관심은 나에게 백 퍼센트 집중되어 있구나'라고 느껴 경청하게 된다.

꾸지람도 때와 장소를 가려라

온화한 부모님을 가졌다는 것은 나에게는 항상 큰 행운이며 감사한 일이다. 나는 부모님이 큰 소리로 다투시는 것을 본 적도 없고 호되게 야단을 맞아본 기억도 없다. 우리 남매들이 어쩌다 잘못을 하면 어머니는 편지를 써서 책상 앞에 놓아두시곤 했다. 나무라거나 지적하는 내용이 아닌, 조곤조곤 부드러운 말투로 써내려간 어머니의 편지는 우리로 하여금 스스로 잘못을 뉘우치게 만들었다. 다양한 아이들과 부모들을 상담하면서 때때로 우리 부모님 생각을 더 많이 하게 된다.

열다섯 살 카라는 시도 때도 없이 소리부터 질러대는 엄마와 하루에도 몇 번씩 충돌했다.

"크리스마스 이브에 친구들과 어울려 놀다가 집에 늦게 들어갔어요. 저는 기분 좋게 놀다가 들어갔고 '다녀왔습니다!' 하고 인사를 했는데, 그 순간 엄마가 방에서 뛰어나오시더니 현관에 들어서는 저에게 다짜고짜 소리를 지르시는 거예요. 저는 너무 당황하고 깜짝 놀라서 아무 말도 못하고 얼어붙은 듯이 그 자리에 서 있었어요. 언제든지 절 보자마자 그 순간 화부터 버럭 내시는 엄마가 정말 싫어요."

카라의 이야기를 들으며 나는 어머니를 떠올렸다. 어머니는 내가 집에 전화도 없이 늦게 들어가 걱정을 끼쳐드린 날이더라도 현관에서는 웃는 얼굴로 반겨주셨다. 내가 방에 들어가서 가방을 내려놓고 옷을 갈아입고 화장실에서 손을 씻고 나올 때까지 기다리셨다가 그제야 차분한 목소리로 "진아야, 잠깐만 여기 와서 앉아볼래? 엄마가 너한테 하고 싶은 말이 있다"라고 말씀하셨다. 그런 나에게 집에 들어서는 순간 아이에게 소리를 버럭 지르는 카라 엄마의 모습은 상상하기 힘들었다.

야단을 칠 때도 시간과 장소가 적절히 맞아떨어져야 효과가 있다. 아무리 아이가 큰 잘못을 했더라도, 집에 들어서는 순간 갑자기 버럭 화를 내며 "넌 도대체 생각이 있는 애니, 없는 애니? 지금이 도대체 몇 시인데 이제 기어들어와?"라고 소리를 질러 야단을 친다면 아이는 깜짝 놀라고 당황하여 잘못을 뉘우치기는커녕 당장 집 밖으로 뛰쳐나가고 싶은 충동을 느낄 것이다.

그러니 화가 나더라도 아이가 현관에 들어설 때는 우선 반겨주고 아이에게 잠시 시간을 준 뒤 자리에 앉을 때까지 기다려보자. "엄마는 네가 전화도 없이 늦게까지 들어오지 않아서 너무 걱정이 됐어. 네가 전화를 하지 않고 늦으면 엄마는 걱정이 돼. 그러니까 다음부터는 늦게 들어오면 꼭 전화를 해. 알겠니?"라고 말을 한다면 아이는 '아, 내가 잘못했구나' 하고 부모의 말을 진지하게 들으며 스스로 반성하게 된다.

사람들 앞에서 야단을 맞은 아이의 수치심

사람들이 많은 공공장소에서 혹은 친구들이나 형제들 앞에서 아이를 야단치는 것도 피해야 한다. 사람들 앞에서 야단을 치면 수치심을 느끼거나 주눅이 들 수 있기 때문이다. 아이가 수치심, 창피함을 느끼면 자신의 잘못은 생각지 않고 야단치는 부모를 야속하게 생각하여 문제행동이 지속될 수 있다.

만약 따로 불러내어 야단칠 수 있는 상황이 아니라면 잠깐 옆으로 불러내어 "방금 네 행동은 잘못됐어. 이따가 집에 가서 다시 얘기하도록 하자"고 말한다. 물론 집에 돌아간 뒤에는 아이의 문제행동을 짚고 넘어가는 것을 잊지 않아야 한다.

집에서 야단칠 경우에는 아이 방으로 데려가서 혼내기 쉬운데 이는 되도록이면 피하는 것이 좋다. 아이 방은 아이가 많은 시간을 보내며 안정을 느끼고 편안하게 쉬며 하루를 정리하여 잠자리에 들 수 있는 공간이어야 하기 때문이다. 아이가 호되게 야단을 맞아 좋지 않은 기억이 오래갈 경우 방에 들어가는 것을 꺼리게 될 수도 있다. 방에 들어갈 때마다 야단을 맞은 기억이 떠오른다면 아이는 방에서도 편안히 쉴 수 없게 된다. 따라서 아이 방보다는 아이와 상관이 없는 장소, 예를 들면 화장실이나 아이가 별로 가지 않는 베란다 구석진 곳에서 야단을 치는 것이 더 효과적이다.

그러나 만약 아이를 나무라고 호통 치는 어조가 아닌 차분한 말투로 부모가 원하는 행동을 말하는 경우에는 장소가 큰 문제가 되지 않는다.

또한 잠자기 직전 혹은 아침에 일어나자마자 아이를 야단치는 것은 피하는 것이 좋다. 편안하게 잠자리에 들어야 할 때나 기분 좋게 하루를 시작해야 할 때 야단을 치면 꾸지람을 들은 아이는 물론 혼을 내는 부모도 불쾌해진다. 잠자기 직전에 야단쳐서 아이가 베개를 적시며 울다 잠들거나 아침에 눈 뜨자마자 혼이 나서 아이가 하루 종일 우울하고 언짢은 기분으로 지낸다면 득이 되는 것은 아무것도 없다. 꾸지람도 때와 장소를 가릴 때 효과적이다.

말의 내용보다 목소리 톤이 중요하다

열두 살짜리 제이슨은 항상 무표정한 얼굴로 전자게임을 하며 상담실에 들어섰다. 여섯 형제 중 둘째인 제이슨은 다섯 살 많은 큰 형을 무척이나 따랐는데 칠 개월 전 갑작스런 교통사고로 형을 잃었다. 믿고 따르던 형을 잃은 슬픔과 맏아들이었던 형의 빈자리를 채워야 한다는 부담감으로 제이슨은 심한 우울증에 걸렸다. 학교에서는 하루라도 싸움을 하지 않는 날이 없었고 성적도 급격히 떨어졌으며 식욕저하로 밥도 먹지 않았다. 새벽 네 시까지 텔레비전을 보다가 겨우 잠이 들었다가도 다섯 시면 다시 눈이 떠지면서 매일 밤잠을 설쳤다.

    제이슨은 항상 RIP(Rest In Peace 평화로이 잠들라)라는 문구가 적힌 묘비 그림을 그려 넣은 검은색 티셔츠와 청바지를 입었다. 형을 기리기 위해 직접 만든 옷이라고 했다. 형을 영원히 기억하겠다며 제이슨은 매일 검은색 티셔츠에 묘비 그림을 그려 넣었고 그 옷만 입으려 했다.

이를 걱정스럽게 생각한 엄마가 아침마다 제이슨에게 다른 옷을 입히려 했지만 그럴수록 아이의 반항은 심해졌다. 제이슨과 엄마 사이에 갈등의 골은 점점 깊어갔고 이는 잦은 말다툼으로 이어졌다.

제이슨과 엄마가 자리한 날 나는 가족치료를 권유했다. 내 옆에 앉아 있던 제이슨은 내 말이 끝나자마자 고개를 저었다.

"난 안 해요. 엄마랑 같이 하면 안 한다고요."

제이슨 엄마는 화가 난 목소리로 버럭 소리를 질렀다.

"뭐야? 안 해? 선생님이 하라면 하는 거지 왜 안 해?"

"안 해요. 엄만 나한테 소리만 지르잖아요. 싫어요."

"내가 괜히 소릴 질러? 엄마가 다 너 잘되라고 하는 얘긴데 네가 엄마 말을 안 듣잖아!"

"내가 엄마 말을 뭘 안 들었는데요? 내가 뭘 어쨌다고 엄만 만날 나만 가지고 그래요?"

"엄마가 너한테 왜 그러는지 몰라서 물어? 이젠 네가 집안에 가장 큰 형인데 형으로서 모범을 보여야 동생들도 널 본받지. 모범은커녕 허구한 날 싸움질이나 해대는데 엄마가 가만히 보고만 있으란 말이니?"

"왜 자꾸 날 보고 큰 형이라고 해요? 난 형이 아니란 말이에요!"

"이놈의 자식이 어디서 소리를 질러?"

어느새 내 눈 앞에는 엄마와 아들이 아닌 이성을 잃은 두 사람이 으르렁거리며 다투고 있을 뿐이었다. 제3자가 보는 앞에서 이런 식으로 대화를 할 정도라면 집에서 두 사람만 있을 때는 한층 더 격앙된 말과 행동이 오고 갈 것이 분명했다.

스스로의 감정을 자제하지 못하여 화를 내고 소리 지르는 부모는 대개 그들 또한 그런 부모 밑에서 자랐을 가능성이 높다. 어렸을 때부터 크게 소리를 질러 화를 표현하는 환경에서 자랐기 때문에 화가 나면 소리 지르는 것을 당연하다고 생각하는 것이다.

소리 지르는 부모 밑에서 자란 경우가 아니라면 부모로부터 분노를 적절히 표현하고 감정을 자제하는 것을 배우지 못한 때문이다. 이러한 사람들은 목소리를 크게 하여 소리를 질러야만 상대방을 눌러 이긴다고 생각한다. 그러나 화난 목소리로 소리 지르는 것은 그 사람이 더 강하다거나 힘이 있음을 보여주는 것이 아니다. '나는 지금 이성을 잃었고 소리를 지르는 것 외에는 이 상황에 어떻게 대처해야 할지 모르겠다'라는 단 한 가지 메시지만을 전할 뿐이다.

소리 지르고 호통 치며 목소리만 크게 한다고 해서 아이가 부모의 말을 더 잘 듣는 것은 아니다. 화난 상태에서 험한 인상으로 소리치며 말을 하면 아이는 정작 부모가 전하려 하는 메시지는 듣지 않고 부정적인 목소리 톤만 받아들여 반발심이 생기게 된다.

부모가 자제력을 잃은 모습은 결국 아이에게 어른답지 못한 모습으로 보여 존경심마저 사라지게 만든다. 아이는 부모의 이러한 모습을 싫어하면서도 그대로 답습하게 되고 성인이 된 후 똑같이 소리 지르는 부모가 된다.

제이슨 엄마가 하는 말에 틀린 내용은 없었을지 몰라도 날카로운 목소리로 무작정 퍼붓는 모습에는 어디에도 '다 너 잘 되라고 하는' 좋은 의도를 느낄 수 없었다. 아무리 옳은 말이라도 소리를 지르거나 짜증 섞인 목소리로 표현하면 듣기 싫어지기 마련이다.

이 정도가 되면 어른과 아이가 아니라 두 명의 어린 아이들이 징징대고 울며 싸우는 것이나 다름없다.

엄마는 아직 세상 경험이 없는 아이에게 자신의 경험을 바탕으로 가르쳐주고 싶은 의도에서 말을 하지만 엄마가 아이에게 메시지를 전하는 모습이 거부감과 반발심을 일으킨다면 아무리 좋은 내용의 말이라도 소용이 없다.

아이를 야단칠 때 내 모습은 어떤가?

아이를 야단칠 때 과연 내 모습이 어떤지 아이에게 내가 어떤 모습으로 비쳐질지 스스로를 한번 돌아보자. 화를 참지 못해 소리를 버럭 지르는지 따지듯 앙칼지게 말하는지 비웃거나 비꼬는 목소리는 아닌지 아이의 말을 무시하고 건성으로 대하지는 않는지 아이 앞에 선 내 모습을 스스로 점검해보는 것이 중요하다.

야단칠 때는 아무런 감정을 싣지 않은 중립적이지만 낮고 단호한 목소리로 말하는 것이 좋다. 이러한 목소리는 말하는 사람이 상황을 조절하는 힘을 가지고 있으며 자제력을 가지고 이성적으로 상황에 대처하는 능력이 있음을 보여준다.

화난 목소리로 소리 지르는 부모에게 야단을 맞는 아이는 '내가 지금 야단을 맞는 이유는 엄마가 화가 났기 때문이야' '아빠 괜히 나한테 화풀이야' 하며 반발심을 가지게 마련이다. 그러나 중립적인 목소리로 단호하게 말하는 부모의 아이는 '내가 정말 잘못했구나' '앞으로는 안 그래야지' 하며 자신의 행동에 잘못이 있었음을 깨닫고 반성한다.

만약 너무 화가 나서 이성을 잃고 소리를 지르거나 과도한 벌을 줄 것 같으면 우선 화가 가라앉을 때까지 자리를 피하고 기다리는 것이 좋다. 마찬가지로 아이의 감정이 격해 있을 경우에도 아이가 이성을 되찾을 때까지 기다리도록 한다. 이럴 때는 아무리 부모가 차분한 목소리로 이야기를 해도 화가 난 아이에게는 아무것도 들리지 않으며 도리어 반발심만 부추길 수 있다.

물론 부모와 아이의 감정이 모두 가라앉고 난 뒤에는 잊지 말고 반드시 아이의 잘못을 짚고 넘어가야 한다.

"아까 화가 난다고 엄마에게 소리를 지른 것은 잘못이야. 사람이 화가 날 수도 있고 또 화가 나는 것은 괜찮아. 하지만 그렇다고 소리를 지르는 것은 옳지 않아" 하며 미운 감정을 싣지 않은 중립적인 목소리로 이야기할 때 아이는 부모의 메시지를 제대로 듣게 된다.

고장 난 레코드 테크닉

"어떻게 하면 상대방이 날 가만히 내버려두게 할 수 있을까?"

오랜만에 만난 친구 켈리가 밑도 끝도 없이 말을 꺼냈다. 무슨 소리냐고 묻자 직장상사가 자신이 해야 할 일을 맡기려 며칠째 괴롭히는데 무슨 말을 해도 물러설 기미를 보이지 않는다는 것이다.

"켈리, 이 일을 좀 맡아줬으면 좋겠는데."

"죄송하지만 저는 시간이 안 될 것 같은데요. 다른 할 일이 많아서요."

"그렇게 시간 많이 걸리는 일 아니야. 하루에 삼십 분이면 돼."

"저 그런 거 못해요. 제가 했다가 괜히 망치기만 할 거예요. 다른 사람 시키세요."

"아니야, 내가 보기엔 켈리가 아주 잘해낼 것 같아. 켈리 정도의 실력이면 충분히 할 수 있어."

"저 그럴 만한 실력 없어요. 잘할 자신 없어서 안 되겠어요."

"괜찮아. 그렇게 어려운 거 아니라니까."

하기 싫다고 직접적으로 거절할 수 없어 이런저런 핑계를 댔는데도 그 직장상사는 단념하지 않고 계속해서 설득하려 한다고 했다.

"별의별 핑계를 다 대어도 도대체 사람 말귀를 못 알아듣고 계속 그러니까 정말 미치겠어. 이럴 땐 어떡해야 돼?"

상대방이 하는 말에 일일이 답을 하며 설명을 늘어놓게 되면 상대방은 내가 정확히 뭘 원하는지 알아채지 못하기 때문에 말은 꼬리에 꼬리를 물고 계속해서 이어진다. 내가 정확한 핵심을 말하지 않아 상대방은 나를 설득할 수 있다고 생각하여 말을 멈추지 않는 것이다.

따라서 이럴 때는 내가 원하는 것을 정확히 짚어서 말하고 상대방이 나를 설득하려고 던지는 '미끼'를 물지 말아야 한다.

나는 켈리에게 이런저런 핑계를 대지 말고, '난 절대 할 수 없다'는 메시지를 정확히 전달하라고 말했다. 그리고 상대방이 무슨 말로 설득을 하든지 절대 흔들리지 말고 다음과 같이 '난 할 수 없다'는 말만 반복하라고 조언했다.

"켈리, 당신이 좀 맡아줬으면 좋겠는데."

"죄송하지만 제가 사정이 있어서 할 수가 없어요."

"할 수 없는 이유가 뭔데? 무슨 사정이 있다는 거야?"

"죄송합니다. 할 수가 없습니다."

"그렇게 시간 많이 걸리는 일 아니야. 하루에 삼십 분이면 돼. 부탁할게."

"죄송합니다. 저는 할 수가 없습니다."

"켈리 정도의 실력이면 그다지 어려운 일이 아니야. 좀 해줘."

"저는 할 수가 없어요. 죄송합니다."

"그렇게까지 강력하게 안 된다니 할 수 없군. 다른 사람을 시키는 수밖에."

직장상사가 이유가 뭐냐, 시간 걸리는 일 아니다, 어렵지 않다 등 '미끼'를 던질 때 반응을 하여 시간이 없어서 안 된다는 등 일일이 설명을 달게 되면 상대방은 나의 의견을 뒤집기 위해 설득하려 들기 마련이다. 그러나 상대방이 무슨 말을 하든지 그에 반응하지 않고 무조건 내가 전하려는 말만 반복적으로 하면 상대방은 결국 나의 단호함을 받아들여 대화를 더 이상 지속할 수 없게 된다.

똑같은 말을 반복하여 내가 원하는 것을 상대방이 받아들이도록 하는 방법은 부모가 하는 말마다 말꼬리를 잡고 늘어지며 떼를 쓰는 아이들에게 특히 효과적이다.

육아교육 전문가인 리 캔터와 멀린 캔터는 이를 가리켜 마치 레코드가 고장 난 것처럼 똑같은 말을 되풀이한다고 하여 '고장 난 레코드 테크닉'이라는 명칭을 붙였다.

예를 들어, 부부동반 모임이 있어 외출준비를 하는 엄마에게 일곱 살 태양이가 묻는다.

"나도 엄마 아빠 따라가면 안 돼?"

"안 돼. 할머니랑 집에서 놀고 있어."

"왜 안 되는데?"

"왜냐하면 아이가 가는 곳이 아니기 때문이야."

"그런 게 어딨어? 나도 가고 싶단 말야!"

"가고 싶어도 갈 수 없어. 아이들은 못 가는 곳이라니까."

"왜 못 가?"

"왜냐하면 그곳은 아이들이 시끄럽게 하면 안 되기 때문이야."

"시끄럽게 안하고 조용하면 되잖아. 나도 갈래!"

"네가 가면 재미없을 거야."

"혼자 그림 그리고 놀면 되잖아."

"그림 그리려면 집에서 그리고 있어."

"싫어! 나도 갈래!"

아이들이 하는 말에 일일이 답변을 늘어놓게 되면 아이를 이해시키기는커녕 말싸움만 하게 된다. 아이는 엄마가 늘어놓는 설명은 들으려 하지 않고 엄마를 설득하려고만 하기 때문에 계속해서 떼를 쓰게 되는 것이다.

이럴 때는 아이들에게 일일이 이유를 설명해줄 필요가 없다. 아이들이 "왜?"라고 할 때는 이유를 설명해달라는 뜻이 아니다. "엄마(혹은 아빠)가 하라는 대로 하기 싫다"는 의미를 담고 있기 때문이다. 이유를 궁금해하는 것이 아닌 아이에게 아무리 이유를 설명한들 아이가 들을 리 만무하다.

아이와의 불필요한 말싸움을 피하려면 '고장 난 레코드 테크닉'을 사용하여 아이가 던지는 '미끼'를 물지 말고 원하는 행동을 반복적으로 전달한다.

"나도 엄마 아빠 따라가면 안 돼?"
"오늘은 안 돼."
"왜 안 되는데?"
"다음에 우리 가족끼리 외식할 때 가자. 오늘은 안 돼."
"왜 안 돼? 나도 가고 싶단 말야!"
"네가 얼마나 가고 싶은지 엄마는 알아. 하지만 오늘은 안 돼. 다녀올게."

이때 중요한 것은 아이가 말꼬리를 잡더라도 현혹되지

말고 아이의 질문에 답을 하지 않은 채 원하는 메시지만 반복해서 말해야 한다는 점이다. 무작정 안 된다고만 하는 것이 아니라 언제 되는지('우리 가족끼리 외식할 때 가자.'), 그리고 아이의 마음을 헤아려주는 말을('네가 얼마나 가고 싶은지 엄마는 알아') 덧붙이는 것이 더욱 효과적이다.

그러나 만약 세 번을 반복해도 계속해서 떼를 쓴다면 경고를 한 뒤 벌칙을 주도록 한다.

"나도 엄마 아빠 따라가면 안 돼?"

"오늘은 안 돼."

"왜 안 되는데?"

"다음에 우리 가족끼리 외식할 때 가자. 오늘은 안 돼."

"왜 안 돼? 나도 가고 싶단 말야!"

"네가 얼마나 가고 싶은지 엄마는 알아. 하지만 오늘은 안 돼. 다녀올게."

"(아이가 누워서 발길질을 하며) 싫어! 나도 따라 갈거야!"

"(중립적인 목소리로 차분하게) 발길질해도 소용없어. 너에게 선택권을 줄게. 엄마 아빠가 갔다올 때까지 집에서 할머니랑 얌전히 있거나 아니면 계속 이렇게 떼쓰고 대신 내일 하루 종일 텔레비전 안 보고 방에 들어가 있기. 어떻게 할래? 선택은 네가 하는 거야."

"그런 게 어디 있어? 싫어!"

"한 번만 더 떼쓰면 내일 텔레비전 안 보는 걸로 선택한 줄 알고 그렇게 한다."

이렇게 경고를 한 뒤 선택권을 주면 아이는 자신이 어떤 선택을 하느냐에 따라 뒤따라오는 결과가 다르다는 것을 배우게 된다.

아무리 떼를 써도 소용없다

'고장 난 레코드 테크닉'과 더불어 '네가 아무리 떼를 써도 소용이 없다'는 메시지를 효과적으로 전달하는 기술로 '1-2-3 테크닉'이 있다.

아이들이 기분 좋고 말을 잘 들을 때 아이들을 앉혀놓고 설명을 한다. 각 아이의 장점을 말해주며 엄마는 너의 이러이러한 점은 높이 평가하고 항상 고맙게 생각한다는 것을 알려준다. 부모가 나를 사랑한다는 것을 아이가 평소에 느껴야 야단을 맞더라도 부모에 대한 증오심이 생기지 않기 때문이다.

칭찬이 다 끝난 후에는 아이가 절대 해서는 안 되는, 용납되지 않는 행동에 대해서 말한다. 만약 그런 행동을 할 경우 엄마는 "안 돼!"라는 말을 딱 한 번만 할 것이고 아이는 그 순간에 바로 행동을 멈춰야 한다는 것을 알려준다.

"만약 안 된다고 했는데도 말을 듣지 않으면 엄마는 손가락 하나를 들어올리며 '이번이 하나야'라고 말할 거야. 그래도 계속 떼를 쓰거나 엄마 말을 무시하면 또 손가락 하나를 더 들어 올리면서 '이번이 둘이야' 라고 할 거야. 엄마가 둘을 셀 때까지도 말을 듣지 않고 잘못된 행동을 계속한다면 '이번이 셋이야'라는 말을 할 거고 그러면 너는 그 즉시 네 방에 가서 십 분 동안 조용히 있어야 해"라고 설명한다.

아이가 생떼를 부릴 때 구슬리거나 설득하려고 논리적인 설명을 펼치면 아이의 행동은 고치기 어렵다. '1-2-3 테크닉'은 벌을 주기 전 두 번의 경고를 하는 것으로, 아이에게 선택권을 주어 스스로 행동을 고치게 하는 방법이다.

아이는 스스로 말을 듣는 '선택'을 하여 벌을 면하든지, 말을 듣지 않는 '선택'을 하여 벌을 받음으로써 자신이 어떤 선택을 하느냐에 따라 다른 결과가 나온다는 것을 배우게 된다.

6장

이런 아이에게는 이렇게

외동아이 키우기

"애한테 미안하죠. 항상 혼자니까요. 하지만 아이가 하나이니 원하는 건 모두 해주고 싶어요."

외동아이의 부모들은 대부분 아이가 형제자매 없이 자라는 것에 죄책감을 느낀다고 말한다. 따라서 물질적으로나마 부족함 없이 해주려 노력한다. 같이 놀 형제자매가 없는 대신 가지고 놀 장난감을 사주는 셈이다.

외동아이에 대해 부모들이 가장 걱정하는 부분이 바로 형제자매 없이 자라서 외로움을 많이 느끼지 않을까 하는 것이다. 하지만 우리 어른들의 생각과는 달리 외동아이라도 정기적으로 어울리는 친구가 있다면 외로움은 문제가 되지 않으며 이런 아이들은 특별히 형제자매가 있기를 바라지도 않는다. 도리어 형제자매가 있어도 사이좋게 잘 지내지 못해 외로워하는 경우가 더 많다.

외동아이는 친한 친구를 형제자매처럼 가깝게 느껴 친구와의 관계를 특히 소중히 여긴다. 그러므로 친구를 사귈 수 있도록 아이가 좋아하고 관심 있어 하는 특별활동, 운동모임, 종교 활동 등과 관련된 작은 소그룹 모임에 참여시키거나 친척 혹은 동네의 또래 친구들과 어울려 놀 수 있는 기회를 자주 마련해주는 것이 좋다.

형제자매가 있는 아이는 장난감을 서로 가지고 놀려고 다투면서 타인과 협상하는 방법을 깨우치고 형제들 틈에서 차례가 오기를 기다리는 동안 인내심을 배우는 등 사회성을 기르게 된다. 그러나 외동아이는 그렇지 못하다. 따라서 어렸을 때부터 많은 사람들과 어울릴 수 있는 기회를 마련해주는 것은 특히 중요하며 또래 아이들과의 교류는 아이의 정서에 결정적인 역할을 한다.

여덟 살 마이키는 부모와 떨어지는 것을 두려워하는 분리불안 증상으로 학교 가는 것을 극도로 꺼렸다. 외동으로 자란 마이키는 맞벌이 부모가 일하는 동안 할머니, 보모 등 어른들과만 함께 시간을 보냈고 주말이면 부모가 가는 곳은 어디든지 따라다녔다. 외가와 친가 양쪽 집안에서 첫 손주인 까닭에 사촌형제가 없어 또래 아이들과 어울릴 기회도 적었다. 어른들의 보호 속에서만 자란 마이키는 부모와 떨어지는 것을 몹시 두려워했고 친구 사귀는 방법을 배우지 못해 학교에 들어간 뒤 교우관계에서도 어려움을 겪었다.

부모의 사랑과 관심을 독차지하는 외동아이는 형제가 있는 아이보다 부모와 보내는 시간이 더 많기 때문에 부모와의 관계가 더욱 친밀할 수밖에 없다. 어떤 부모들은 아이와 한시도 떨어지지 않고 함께 있어야 한다고 생각하여 어른들끼리의 모임에 아이를 빼놓지 않고 꼭 데려가거나 어른들만의 행사에 아이를 참여시키는 등 가는 곳마다 아이와 동행하기도 한다. 부모와 외동아이가 지나치게 가까운 이러한 형태를 가리켜 '삼총사 신드롬'Three Musketeer Syndrome이라고 하는데, 이러한 부모들은 아이로부터 또래 문화를 접할 기회를 박탈하여 너무 일찍 어른의 세계를 알려주는 결과를 낳는다.

아이가 부모의 친구들과 어울리는 기회가 많아지면, 어른들과는 잘 어울리지만 또래 아이들과는 잘 어울리지 못하는 '어른 아이'가 되기 쉽다. 이처럼 부모로부터 어른 취급을 받는 아이는 자신을 부모의 수준으로 상승시켜 어른과 동등한 대우를 받길 요구하기도 한다.

아이가 엄마나 아빠와 경쟁하려는 느낌이 든다면 부모가 아이를 너무 어른 취급하고 있지는 않은지 유의해서 살펴볼 필요가 있다.

어른들만의 모임에 아이를 데려가는 것을 가급적 삼가고 잠시라도 베이비시터의 도움을 받거나 또래 친구 집에 놀러 가게 하는 등 그 나이의 아이에게 필요한 적절한 조치를 취하는 것이 좋다. 또한 엄마 아빠만의 시간도 필요하다는 것을 알려주어 부부만의 시간을 정기적으로 가지는 것이 바람직하다.

외동아이는 부모와 많은 시간을 보내고 또래보다는 어른들과 어울릴 기회가 많기 때문에 어른 수준의 언어를 습득하여 언어능력이 탁월한 경우가 많다. 자신을 어른들과 비교하여 그에 맞는 기준으로 행동하기 때문에 또래보다 성숙하고 여러 방면에서 탁월한 모습을 보이기도 한다.

그러나 이러한 면이 도리어 아이에게는 큰 스트레스가 될 수 있다. 자신을 항상 어른들과 비교하기 때문에 어른 수준의 능력을 발휘하지 못하는 것에 열등감을 느껴 자신감이 떨어지거나 완벽주의자 성향을 가질 수 있기 때문이다. 따라서 아이가 현실적인 기준으로 유년기를 보낼 수 있도록 지나친 기대를 하지 말고 아이를 '작은 어른'으로 대하지 않도록 주의해야 한다.

외동아이의 부모는 아이로부터 "엄마, 나 심심해" "같이 놀 사람이 없어" "혼자서 할 게 없어"와 같은 말을 하루에도 몇 번씩 듣게 된다. 그러나 이런 말을 들을 때마다 같이 놀 친구를 찾으러 문밖을 나선다거나 미안한 마음에 피곤에 지친 몸을 이끌고 억지로 놀아주는 것은 바람직하지 않다. 혼자인 것이 반드시 외로움을 뜻하지는 않는다. 아무것도 하지 않고 잠시 혼자 있는 것이 잘못된 건 아니라는 사실을 설명해주자. 반드시 무언가를 하고 누군가와 함께 놀며 시간을 보내야 하는 건 아니라는 것을 배운 아이는 혼자 있을 때 어떻게 시간을 보내야 할지 스스로 터득하게 된다.

"엄마, 나 심심해"라고 하는 아이에게

외동아이는 같이 놀 형제자매가 없기 때문에 심심하다는 말을 자주 한다. 그러면 부모는 미안한 마음에 아이의 말이 끝나자마자, "심심해? 심심하면 안 되지. 엄마가 뭐하고 놀아줄까?" 하며 기분을 좋게 해주려 애쓰기 마련이다. 하지만 아이가 심심할 때마다 부모가 매번 같이 놀아줄 수는 없다.

"심심해"라고 하면 무료한 느낌을 같이 공감해주되 아이가 스스로 할 일을 찾도록 격려해주는 것이 좋다.

"저런, 우리 보라가 심심하구나. 심심하면 기분이 어떤지 엄마도 알아. 가끔은 엄마도 심심할 때가 있거든"과 같이 말해줌으로써 우선 아이의 마음에 공감해준다.

"심심한 건 좋은 거란다. 가끔은 몸과 마음도 조용히 휴식을 취해야 돼"라고 하여 심심해도 괜찮다는 것을 아이에게 알려준다.

"보라가 심심할 때 할 수 있는 일이 뭐가 있을까?"라고 물어 아이와 함께 '심심할 때 할 수 있는 일'을 적어보는 것도 효과적이다. 그리고 아이가 심심해할 때마다 "지난번에 엄마랑 같이 만든 '심심할 때 할 수 있는 일'에 적힌 걸 한번 보자. 자, 여기 목록에서 오늘은 뭘 골라볼까?" 하며 아이가 한 가지를 골라 스스로 시간을 보낼 수 있도록 유도해보자.

이기적인
아이로 키우지
않으려면

"아이가 하나뿐이라 하고 싶은 것 다 하게 하면서 키워서 그런지 애가 욕심이 많고 고집이 너무 세요. 어딜 가든 사람들이 다 자기한테 관심을 줘야 하고 하고 싶은 대로 해주지 않으면 아주 난리가 나거든요."

모처럼 친구들 모임이 있는 날, 테미 엄마는 약속장소에 아이를 데리고 갔다. 그런데 테미가 식당 앞에서 들어가질 않고 떼를 쓰며 울기 시작했다. 엄마는 쩔쩔매며 야단쳤지만 아이는 "싫어! 난 피자가 먹고 싶단 말야!" 하며 도무지 말을 들으려 하지 않았다. 보다 못한 어른들이 "그래, 우리 피자 먹으러 가자. 먹고 싶으면 먹어야지 어쩌겠니" 하며 마지못해 장소를 바꿔 피자집으로 향했고 그제야 아이는 언제 울었냐는 듯 웃으며 앞장 섰다.

"한두 번도 아니고 매번 이렇게 고집을 부리니 어찌해야 좋을지 모르겠어요. 애가 외동이라서 이기적이고 버릇없게 자라는 건 아닌가 싶고…… 아이를 하나 더 낳았어야 하는 건데……."

많은 사람들은 외동아이에 대해 편견을 가진다. 외동아이는 고집이 세고 이기적이고 자기 멋대로인 버릇없는 아이라는 선입견으로 "혼자 자라서 애가 저렇지"라고 말하기도 한다. 하지만 형제가 있더라도 이기적이고 버릇없는 아이들도 많다. 아이가 외동이기 때문이 아니라 잘못된 육아법이 그 원인인 것이다.

보통 외동아이는 부모의 사랑을 독차지하는 것은 물론 집안에서도 큰 힘을 가진다. 가족 외식을 할 때 메뉴와 식당을 정하는 결정권이 주어지고 마지막 남은 피자는 항상 자기 차지가 되며 게임을 할 때도 제일 먼저 시작하는 등 외동아이는 매사에 우선권이 주어진다. 그러나 이러한 패턴이 반복되면 어떠한 상황에서든지 항상 내가 우선시될 거라는 기대와 예상을 하면서 점차 욕심 많고 이기적인 아이가 될 수 있다.

아이가 평생 부모 곁에서만 산다면야 집안에서 이렇게 '왕' 대접을 받아도 괜찮을지 모른다. 그러나 점점 자라면서 학교에 들어가고 다른 사람들과 어울리는 기회가 많아지면 충돌이 일어날 수밖에 없다. 세상은 아이 중심으로 돌아가지 않는다는 것을 깨우치도록 미리 작은 것에서부터 연습을 시켜 다른 사람 의견에도 귀를 기울일 줄 아는 아이로 가르치는 것이 중요하다.

"사과가 한 조각밖에 안 남았네. 예린아, 남은 사과 한 쪽 포크로 예쁘게 찍어서 '할아버지 드세요' 하는 게 좋겠다."

"치킨이 딱 하나밖에 안 남았네. 이럴 때는 네가 먹고 싶어도 가져가기 전에 주변에 먹고 싶은 다른 사람이 있는지 공손하게 여쭤보는 거란다."

"오늘은 아빠 생신이니까 우리 가족이 외식할 식당을 아빠 보고 정하시라고 하자."

적절한 균형을 맞추는 일

외동아이 가정은 집안의 모든 일이 대부분 아이 중심으로 돌아가기 때문에 아이는 내가 아닌 타인과 관심을 나누고 존중하는 일에 익숙지 않아 이기적인 성향을 가지기 쉽다. 따라서 모든 일에 아이가 우선시되지 않도록 적절하게 균형을 맞추는 것은 특히 중요하다.

이를 위해서는 아이가 중심이 아닌 일에 자주 참여시켜 타인과 관계를 맺는 방법을 가르치는 것이 바람직하다.

예를 들어 할머니가 병원에 치료를 받으러 가실 때 같이 동행하도록 하거나 사촌 형제에게 줄 생일선물을 살 때 아이에게 덩달아 선물을 사주지 않고 당사자를 위한 선물만을 고르도록 하는 것도 좋다. 입지 않는 헌옷 중 깨끗한 옷을 함께 골라 재활용센터에 기부하도록 하거나 아이가 주인공이 아닌 일에 참여시킴으로써 타인에 대한 배려와 존중하는 마음을 배울 수 있는 기회를 제공하는 것이 도움이 된다.

형제자매 없이 혼자서 자라는 아이들은 형제와 같이 자라는 아이들과 다를 수밖에 없다. 부모의 사랑과 관심을 독차지하지만 반대로 꾸중도 혼자서 감수해야 하며, 부모가 짜증이 나고 화날 때는 자칫 화풀이 대상이 되기도 한다.

또한 외동아이 부모들은 하나밖에 없는 아이가 훌륭하게 자라기를 바라며 지나친 기대를 하기 십상이다. 이처럼 부모로부터 기대를 한몸에 받는 아이들은 스트레스가 더 클 가능성이 있으므로 아이에게 과도한 기대를 하지 않는 것은 중요하다.

특히 어릴 때부터 무엇이든지 잘하고 최고라는 칭찬을 듣고 자랐을 경우 점점 자라면서 자신이 부모에게서 항상 들어오던 것처럼 '최고'가 아니라는 것을 깨닫게 되면 심한 스트레스를 받고 좌절하여 자신감을 잃게 된다. 외동아이가 자신감 있는 성인으로 자라길 바란다면 빈말로 입버릇처럼 무조건 칭찬을 퍼붓는 것을 피하고 진심을 담아 꼭 해야 할 칭찬만 하자.

승부욕이 강한 아이

아이와 심리치료를 위해 게임을 같이 하다 보면 아이의 성격이 어떤지, 심리상태가 어떤지, 인내력은 어느 정도인지 등을 파악할 수 있다. 같은 게임을 하더라도 강한 승부욕으로 게임의 승패에 지나치게 집착하는 아이가 있는가 하면 내가 잘못하는 것 같으면 슬쩍 수를 가르쳐주거나 일부러 져주는 아이도 있다. 또 게임에 이겼어도 별로 기뻐하는 표정을 짓지 않고 대수롭지 않게 여기는 아이가 있는 반면 속임수를 쓰면서까지 무슨 일이 있어도 꼭 이기려고 하는 아이도 있다.

아이들과 게임을 할 때 나는 경쟁심을 가지고 이기려 애쓰지도 않지만 그렇다고 일부러 져주지도 않는다. 일부러 져줄 경우 아이들은 금방 눈치를 채며 치료에도 부정적인 영향을 주기 때문에 내 능력껏 게임을 하며 아이를 살펴보는 것이 좋다.

열한 살 해리는 승부욕이 무척 강했다. 게임에 이기면 한껏 환호성을 지르며 뛸 듯이 기뻐했지만 어쩌다가 지기라도 하는 날은 분을 참지 못하고 의자를 박차고 일어나 주먹을 불끈 쥔 채 가쁜 숨을 몰아쉬며 씩씩거리기도 했다.

게임에 이긴 어느 날, 해리는 아빠에게 달려가며 외쳤다.

"아빠! 아빠! 내가 게임에서 선생님을 이겼어요!"

"어이구 우리 아들, 정말 잘했구나. 남자는 무슨 일에서든지 반드시 이겨야 하는 거야. 지면 아무 소용없고 남자라고 할 수도 없지."

유난히 승부욕이 강하고 지는 것을 참지 못하는 아이들은 게임을 할 때 친구들과 싸우기도 하고 놀이 분위기를 흐려놓기 쉽다. 져서 뾰로통하거나 화를 내는 아이에게 "네가 질 때마다 매번 그런 식으로 화를 내면 너 같은 아이랑은 아무도 친구를 하려고 하지 않을 거야. 너 평생 친구 없이 혼자 외톨이가 되고 싶어?"와 같은 으름장을 놓게 되면 아이는 자신의 행동을 고쳐야겠다는 생각을 하기보다는 '아무도 나랑 친구를 안 하려고 하면 어쩌지?' 하는 불안한 심리를 가지게 된다.

승부욕이 강한 아이와는 시간이 오래 걸리는 게임보다는 짧은 시간에 빨리 승부가 나는 게임을 반복적으로 하는 것이 좋다. 아이가 이기고 지는 것을 여러 번 경험하게 함으로써 지는 것이 그다지 큰 의미가 없다는 것을 알게 해주고 결과에 상관없이 얼마든지 재미있는 시간을 보낼 수 있다는 것을 가르쳐주는 것이다.

항상 이기면서 살 수 없음을 가르치는 일

해리처럼 게임 자체를 즐기지 않고 승패에만 집착하는 아이는 알고 보면 태어나면서부터 집에서 아이 중심의 생활을 해온 외동아이인 경우가 많다. 집에서 게임을 할 때 부모가 항상 아이 먼저 시작하도록 우선권을 주거나, 일부러 져주고 아이가 이겼을 때 과도하게 칭찬함으로써 지나친 관심을 주면 아이는 게임에서 이겨야만 좋고 지면 나쁘다는 사고방식을 가지게 된다.

집에서 부모와 게임을 할 때 항상 이기던 아이는 유치원이나 학교에 들어가면서 또래 친구들과 게임을 하다가 질 경우 지나치게 화를 내는 등 문제를 일으킨다. 이를 방지하기 위해 세상은 항상 이기면서 살 수만은 없다는 것을 어릴 때부터 미리 가르쳐주어 아이가 상실과 실망을 경험할 때 적절히 대처할 수 있도록 하는 것이 좋다.

예를 들면 게임을 할 때 아이가 항상 첫 번째로 시작하는 것이 아니라 두 번째 혹은 마지막 주자가 되어보게 하는 것이다. 또한 게임을 하다가 아이가 이기면 "이번엔 세리가 이겼네. 축하해. 우리 세리가 게임에 이겨서 기분이 좋은 모양이구나. 하지만 아빠는 게임에 졌어도 기분이 좋단다. 우리 세리와 게임을 하는 시간이 즐거우니까 게임에 꼭 이기지 않더라도 얼마든지 즐거운 시간을 가질 수 있단다"라고 하여 졌을 때 어떻게 받아들이고 대처하는지 직접 보여주자.

만약 아이가 게임에 져서 시무룩하거나 분을 삭이고 있다면 "게임에 져서 기분이 좋지 않은가 보구나. 물론 이기면 기분이 더 좋겠지만 게임을 하다 보면 이길 때도 있고 질 때도 있는 거란다. 이기고 지는 것이 중요한 게 아니라 게임을 하면서 즐거운 시간을 보낸다는 게 더 중요하지"라고 말해보자. 아이의 속상한 마음을 읽어주되 승패에 관계없이 여전히 게임을 즐길 수 있고 도전한다는 것만으로도 얼마든지 재미를 느낄 수 있다는 것을 가르쳐주자.

승자와 패자를 가리는 게임보다는 경쟁하지 않는 놀이를 평소에 자주 하는 것도 좋다. 퍼즐 맞추기나 블록 쌓기 등 경쟁적이지 않은 놀이는 아이에게 이겨야 한다는 스트레스나 지는 것에 대한 불안감을 주지 않으며 굳이 내가 항상 이기지 않아도 얼마든지 다른 사람과 어울려 즐거운 시간을 보낼 수 있다는 것을 알게 해준다.

형제자매에 대해 부정적인 감정을 느낀다면

"우리 케이티는 엄마도 잘 도와주고 심부름도 잘해요. 동생도 얼마나 잘 아끼고 보살피는지 이렇게 착한 누나는 아마 없을걸요. 그렇지, 케이티?"

의자에 다소곳이 앉아 있던 여덟 살 케이티는 엄마의 말을 못 들은 척 무표정한 얼굴로 눈을 내리깐 채 신발을 벗었다, 신었다를 반복했다. 엄마가 상담실에서 나간 후 나는 케이티에게 크레용과 도화지를 주며 가족을 그려보라고 했다. 아빠, 엄마, 케이티 그리고 강아지 해롤드까지 그림 속 가족들은 모두 환하게 웃으며 손을 잡고 서 있었다. 그런데 도화지 한쪽 구석에 화목한 가족과는 어울리지 않는 웬 험상궂은 얼굴의 한 남자아이가 그려져 있고 그 옆에는 '말썽쟁이 트로이'라고 쓰여있었다.
그림에 대해서 말해달라고 하자 케이티는 잠깐 주저하더니 곧 입을 열었다.

"트로이는 말썽꾸러기에다가 고자질쟁이에요. 어제 아침엔 내 신발을 숨기고 주지 않는 바람에 학교에 늦어서 벌을 받았어요. 오늘은 학교에서 돈을 잃어버렸는데 트로이가 그걸 엄마한테 고자질해서 혼이 났고요. 난 트로이가 이 세상에 없었으면 좋겠어요."

케이티가 동생 트로이에게 미운 감정을 가지고 있다는 것을 안 엄마는 '착한 누나'라고 칭찬하면 아이의 마음이 풀릴 거라 생각했다. 케이티는 엄마의 칭찬에 겉으로는 아무 말 하지 못했지만 속으로는 동생에게 미운 감정을 강하게 가지고 있었던 것이다.

잘못된 칭찬은 아이가 솔직한 대화를 하지 못하고 감정을 숨기게 한다. '착한 누나'라는 칭찬은 곧 아이가 동생에게 좋은 감정만 느낄 것을 요구하는 것과 같다. "너는 착한 누나이기 때문에 동생을 미워하면 안 돼"라는 말로 들려 아이는 동생에게 느끼는 화나고 미운 마음을 엄마에게 솔직히 이야기하지 못한다. 케이티는 자신이 엄마가 바라는 '착한 누나'가 되지 못했다는 것에 죄책감을 느껴서 엄마 앞에서는 '동생이 내 신발을 숨기고 내 실수를 고자질해서 화가 나고 밉다'는 말을 하지 못했다.

"난 동생이 아예 없었으면 좋겠어" "형 싫어" 등 아이가 형제자매에 대한 부정적인 감정을 표현할 때 많은 부모들이 "착한 언니는 그런 말 하는 거 아냐" "형이 널 얼마나 좋아하는데 그러니? 너도 사실은 형 엄청 좋아하잖아" 하며 아이의 감정을 부정하고 바꾸려 한다. 하지만 이는 아이에게 좋아하는 감정만을 강요하고 싫어하는 감정은 느껴서는 안 된다고 말하는 것과 같다.

사람은 감정의 동물이기 때문에 여러 가지 감정을 느끼는 것은 자연스럽고 당연하다. 이럴 때는 아이의 감정을 부인하지 말고 "저런, 우리 유나가 동생한테 뭔가 서운한 일이 있었나 보구나. 동생이 예쁠 때도 많지만 그렇지 않을 때도 있지?" "태양이가 형이 싫다는 말을 할 정도면 그럴 만한 이유가 있을 거야. 형이 좋을 때도 있지만 때로는 형한테 화가 날 수도 있어. 태양이와 형 사이에 무슨 일이 있었기에 형이 싫다는 생각이 들었을까?" 하며 공감해주자. 엄마 아빠가 자신의 마음을 이해해준다고 느끼면 아이는 동생과 어떤 일이 있었고 형이 왜 미운지 털어놓고 싶은 마음이 든다. 또한 동생이나 형을 미워하는 마음이 잘못된 것이 아니라 얼마든지 있을 수 있는 가능한 일이라는 것을 배우게 되어 아이는 죄책감 없이 편안하게 자신의 감정을 받아들인다.

부모는 형제자매끼리 서로 좋은 점을 닮길 바라며 아이

들을 서로 비교하기도 한다. "오늘은 하나가 일등으로 제일 먼저 씻었네. 언니는 벌써 다 씻었는데 두나는 아직 양치질도 안 하고 뭐하는 거니?"라는 식의 비교는 형제자매 간에 경쟁의식을 심어주어 질투를 유발할 뿐 두 아이의 관계에는 도움이 되지 않는다.

일등으로 씻었다는 칭찬을 받은 언니는 다음에도 동생보다 더 빨리 씻으려 동생을 밀치며 먼저 세면대로 달려가려 할 것이다. 즉 준비를 부지런히 하여 학교에 늦지 않으려는 것이 목적이 아니라 동생과의 경쟁에서 이겨 칭찬을 받는 것만이 목적이 된다. 동생은 부모의 칭찬을 받는 언니가 얄밉게 느껴지며 질투심을 가질 수 있다. 두 아이는 아침에 사이좋게 같이 양치질을 하며 서로 도와 등교준비를 함께 하기보다는 언니와 동생이 서로 이기기 위해 경쟁을 하게 된다. 또한 칭찬을 받는 아이도 '역시 엄만 동생보다 날 더 예뻐해' 하며 자만심을 가지거나 '난 맨날 엄마한테 칭찬만 받는데 동생은 칭찬도 못 받고 정말 안됐다' 하며 혼자 칭찬을 받는 것에 죄책감을 가지기도 한다.

이렇게 다른 형제나 자매를 깎아내리는 칭찬은 정작 칭찬을 받는 아이도 스스로 자신감을 가지며 기분이 좋아지는 것이 아니기 때문에 결국 칭찬의 효과를 제대로 발휘하지 못한다. 이때 부모가 칭찬을 하는 이유는 둘째 아이를 자극하여 질투를 유발시켜 행동을 변화하게 하려는 목적으로 큰아이를 이용하는 것이므로 바람직하지 않다.

형제자매 간에 경쟁을 반복적으로 부추기면 아이가 모든 상황에서 다른 사람과 경쟁하려 하여 문제를 일으킬 수 있다. 경쟁적이지 않은 상황에서도 경쟁심을 가지기 때문에 아이는 아이대로 스트레스를 받고 주변 사람들과도 마찰을 빚는 것이다.

그러니 아이들을 서로 비교하지 말고 한 아이의 잘한 행동이나 다른 아이의 잘못된 행동을 보는 그대로 묘사하는 것이 좋다.

"하나는 일어나자마자 씻어서 벌써 학교 갈 준비를 마쳤구나. 서두르지 않고 여유를 가질 수 있으니 마음이 편하겠다."

"두나야, 아직도 양치질을 하지 않다니 학교에 늦을까 봐 엄마는 걱정이 된다."

다른 아이를 공격하거나 무시하지 않고 아이의 행동만을 칭찬하면 칭찬을 받은 아이는 자신의 행동이 가져온 결과에 흐뭇함을 느낀다. 마찬가지로 다른 형제에 비해 뒤떨어진다는 비교가 아닌 아이의 잘못된 행동('아직도 양치질을 하지 않았다') 그리고 부모가 느끼는 감정('엄마는 걱정이 된다')만을 말하면 아이는 반성하는 마음이 들며 행동을 고쳐야겠다는 생각을 하게 된다.

아이들이 잘못을 했거나 다퉜을 때 "누가 먼저 그랬어?" "왜 싸웠어?"와 같이 아이를 추궁하는 말은 반드시 "전 안 그랬어요.""쟤가 먼저 때렸어요" 하며 서로 다른 사람을 탓하는 대답을 이끌어낸다. 아이들은 자기 잘못은 회피하고 억울한 부분만 이야기하여 남의 잘못을 부각시키려 하며 특히 궁지에 몰리면 야단맞을 것이 두려워 거짓말을 해서라도 자신을 변명하는 말을 늘어놓기 마련이다.

따라서 아이들이 늘어놓는 변명에 귀를 기울여 잘잘못을 따지는 것은 시간 낭비이다. 누가 먼저 싸움을 시작하고 누가 누굴 먼저 때렸는지 부모가 직접 보지 못한 상황이라면 싸운 두 아이를 똑같이 혼내는 것이 좋을 수도 있다.

"네가 형이니까 참아야지" "동생을 왜 때리니?" "누나에게 대들면 안 된다고 했잖아"와 같이 한 아이만을 나무라는 것은 다른 아이에게 억울한 마음을 들게 할 수 있다.

이때는 아이들이 변명을 늘어놓을 틈을 주지 말고 서로 싸우게 된 결과가 잘못된 것임을 강조하여 문제 해결에 초점을 맞춰보자.

"누가 먼저 시작했든지 싸움을 한 건 너희 둘 다 잘못이야. 이유야 어쨌든 싸우는 건 잘못이야" "누가 그랬는지 엄만 관심 없어. 지금 엄마가 관심 있는 건 바닥에 쏟아진 흙을 깨끗이 치우는 거야. 혜주 너는 베란다에 가서 빗자루와 쓰레받기를 가져오고 혜빈이는 부엌에 가서 쓰레기봉투를 가지고 와."

무작정 야단을 치는 것보다는 아이들에게 선택권을 주는

것도 효과적이다.

"누가 먼저 때렸는지는 중요하지 않아. 화가 난다고 다른 사람을 때리는 건 절대 안 돼. 지금 너무 화가 나서 서로 때리지 않고 같이 있을 수 없으면 잠깐 화를 식히게 너희들 둘 다 방으로 들어가고 때리지 않고 말로 하려면 여기서 조용히 놀아."

친구들과 싸웠을 경우에도 "너희들 그만 놀고 각자 집으로 돌아갈래, 아니면 싸우지 않고 조용히 말하면서 계속 놀래?" 하며 선택권을 주도록 하자. 대부분의 아이들은 계속 놀고 싶어 하기 때문에 사이좋게 놀겠다고 말한다.

부모가 심판이 되지 않아야 한다

아이들은 의견 충돌을 일으키는 과정에서 서로 협상하고 문제를 해결하는 방법을 터득하기 때문에 아이들 다툼에 부모가 심판이 되지 않는 것이 특히 중요하다. 아이들이 싸울 때마다 항상 부모가 개입하여 대신 해결해주면 아이들은 다른 사람과 의견이 다를 때 어떻게 해결해야 하는지 배울 기회를 놓치게 된다.

가족이라도 항상 의견이 같을 수는 없기 때문에 서로 다른 의견을 보이는 것은 자연스러운 일이다. 다만 어떻게 하면 서로 조금씩 양보하면서도 각자 원하는 것을 얻을 수 있는지 아이들이 스스로 터득하도록 인내심을 가지고 지켜보자.

아이들 중 누군가가 다칠 만큼 심각한 상황이 아니라면 아이들끼리 해결하도록 내버려두자.

"그러니까 가람이는 네가 먼저 텔레비전을 보고 있었는데 나람이가 와서 물어보지도 않고 채널을 바꿔서 화가 났구나. 나람이는 네가 일곱 시에 보고 싶은 프로가 있다고 오늘 아침에 형한테 미리 얘기를 했었기 때문에 시간 맞춰 채널을 돌린 거고. 이럴 땐 어떻게 하는 게 좋을지 너희들끼리 한번 의논해 봐. 너희는 싸우지 않고 문제를 잘 해결할 수 있을 거라고 엄마는 믿어."

다툼이 길어지고 아이들끼리 타협점을 찾지 못한다면 의견을 제안하는 것도 좋다.

"이럴 때 엄마라면 어떻게 할지 들어볼래?" "엄마가 좀 도와줄까? 엄마가 세 가지 보기를 줄 테니까 어떤 게 제일 좋을지 한번 생각해 봐. 첫 번째, 알람을 맞춰놓고 서로 보고 싶은 프로그램을 십 분씩 번갈아가면서 본다. 두 번째, 가람이가 보던 프로그램을 같이 보다가 프로가 끝나면 그때 나람이가 보고 싶은 프로를 같이 본다. 세 번째, 둘 다 텔레비전을 끄고 주말에 인터넷 다시보기로 각자 본다. 자, 몇 번째가 좋을까?"

감정 표현이 확실한
기질이 강한
아이

클리닉에서 만나는 아이들은 스스로 심리적 어려움을 호소하여 찾아오기보다 부모나 학교 선생님 등 주변 사람들이 견디다 못해 전문가의 도움을 청하려는 경우가 대부분이다. 문제행동을 보이는 이러한 아이들은 대개 기질이 강한 아이들로 반항적, 충동적이고 버릇이 없으며 고집이 세거나 작은 것에도 화를 잘 내고 한 번에 말을 듣지 않아 다루기가 어렵다.

하지만 기질이 강한 아이들이라고 해서 모두 문제를 일으키는 것은 아니다. 이런 아이들은 적극적이고 에너지가 넘치며 앞장설 줄 아는 리더로 우유부단하지 않고 좋고 싫음이 분명해 감정 표현이 확실하다. 똑같이 강한 기질을 가진 아이라도 부모가 어떻게 양육하느냐에 따라 적극적인 리더가 될 수도, 말썽 부리는 반항아가 될 수도 있다.

일곱 살 앤드루는 어렸을 때부터 '골치 아픈' 아이였다고 한다. 주는 대로 밥도 잘 먹고 잠도 잘 자는 '순한 아기'였던 여동생과 달리 앤드루는 태어날 때부터 엄마를 힘들게 하는 까다로운 아이였다. 유치원에 들어간 뒤로는 하루도 친구를 때리지 않는 날이 없었고 무엇이라도 자기 마음대로 되지 않으면 소리를 지르거나 거침없이 욕을 내뱉었다. 앤드루 엄마는 '남자애라 그러겠거니' 하고 대수롭지 않게 생각했지만 한 달 전 심하게 야단을 맞은 아이가 홧김에 집에 불을 지른 것에 큰 충격을 받아 결국 클리닉을 찾았다.

"얘는 완전 구제불능이에요. 아무것도 통하지 않는다고요. 수없이 야단도 치고 타임아웃도 시도해봤지만 전혀 소용이 없어요. 야단치면 반성하는 게 아니라 도리어 욕하고 눈에 보이는 것은 다 집어던져서 집에 남아나는 물건이 없어요. 세상에 아무리 화가 나도 그렇지, 집에 불을 지르다니 전 애한테 정말 두 손 두 발 다 들었어요."

옆에서 잠자코 엄마의 말을 듣던 앤드루는 순간 피식 하며 웃음을 터뜨렸다.

"너 지금 그게 무슨 불량한 태도야? 엄마가 얘기하는데 비웃기나 하고."

그러자 앤드루는 어이없다는 듯 눈동자를 한번 굴리더니 매서운 눈빛으로 엄마를 노려보았다.

"얘가 지금 어디서 눈알을 부라려? 너 정말 엄마한테 맞아야 정신을 차리겠니?"

기질이 강한 아이는 앤드루의 경우처럼 대부분 아주 어렸을 때부터 다른 아이들과 차이를 보인다. 유아기 때 '순하다'는 말보다는 '까다롭다' '힘들다'는 말을 많이 듣고 걸음마를 시작하면서부터는 떼를 심하게 쓰거나 화를 쉽게 내고 공격적 행동을 하는 등 강한 기질이 드러난다.

아이 탓도 부모 탓도 아니다

그러나 기질이 강하다고 해서 비정상이거나 문제가 있는 것은 아니다. 아이의 기질은 타고나는 것이므로 '쟨 애가 왜 저렇게 버릇이 없고 성질이 못됐지?' 하며 아이를 '나쁜 아이'로 몰거나 '난 내 아이 하나 제대로 컨트롤 못하니 부모 될 자격이 없나 봐' 하며 스스로 죄책감을 가지는 것은 옳지 않다.

문제는 아이 탓도 아니고 부모 탓도 아니다. 단지 타고난 기질 때문에 부모의 손이 더 많이 필요하고 키우기 조금 더 힘든 아이일 뿐이다.

부모가 아이와 기질이 비슷하면 그다지 문제가 되지 않

지만 서로 다를 경우에는 특히 "쟤는 어떻게 저럴 수 있지? 난 정말 이해가 안 가" "도대체 얜 누굴 닮아서 이렇게 드센 거야?" 하며 아이의 행동을 이해하지 못해 더욱 문제가 된다.

강한 기질을 가진 아이는 윗사람이 '해라' '하지 마라' 하며 복종을 요구하면 거부감을 느껴 반항하기 때문에 질풍노도의 사춘기를 겪게 될 가능성이 크다. 충동적인 성향이 강해서 생각하기 전에 즉각적인 행동으로 먼저 반응하므로 부모나 선생님 등 권위적 위치에 있는 어른들과의 관계에 문제가 생기기 쉽다. 따라서 아이가 한 살이라도 더 어릴 때 윗사람을 존중하고 따르도록 가르치는 것은 무척 중요하고도 시급하다.

아이가 부모를
시험하려 할 때

아이의 기질을 꺾기 위해 부모는 아이와 '힘겨루기'를 하기 쉬운데, 무조건적인 억압("시끄러워! 엄마가 안 된다면 안 되는 거야!"), 협박("자꾸 말 안 들으면 고아원에 데려 간다"), 거친 비판("그래 가지고 넌 나중에 커서 사람 노릇이나 제대로 하겠니?")이나 아이를 때리는 등 힘으로 누르는 것은 도리어 분노와 적개심을 심어주어 사춘기 때 반항적, 공격적인 성향으로 나타날 수 있다.

아이가 눈알을 굴리거나 째려보고 투덜대는 등 불손한 태도를 보이더라도 반응하지 않는 것이 좋다. "얘가 지금 어디서 눈알을 부라려?" "너 지금 엄마가 혼내는데 웃어?" 하며 논쟁을 벌이면 부모 속만 상할 뿐 상황을 주도하는 것은 더 이상 부모가 아니라 아이가 된다. 아이가 부모를 화나게 하기 위해 의도적으로 하는 행동이므로 이에 반응을 보이면 아이는 더 문제행동을 하게 마련이다.

따라서 아이의 문제행동은 지적하되 태도는 무시함으로써 평정을 잃지 않고 상황을 이끌어가자.

기질이 강한 아이는 부모가 자신의 말과 행동을 어느 정도 허용하는지 끊임없이 확인하려 하기 때문에 부모로서의 위치를 확고히 하는 것은 중요하다. 부모의 위치를 강조해야 한다는 것은 권위적으로 끊임없이 명령을 내리며 아이를 휘두르라는 의미가 아니다. 아이의 감정을 공감해주되, 해도 괜찮은 행동과 해서는 안 되는 행동을 분명히 하여 규칙을 따르도록 이끌어주는 것을 말한다.

예를 들어 살펴보자. 세별이 엄마가 친구 아기 선물을 사러 백화점에 들른 상황이다. 엄마가 아기 선물을 고르는 동안 옆 코너에서 게임기를 만지며 놀던 세별이는 마음에 드는 게임기를 발견하고 엄마에게 달려가 조르기 시작한다.

"엄마, 나 저 게임기 사줘."

"안 돼! 엄마 돈 없어."

"엄마 돈 많잖아. 여기 지갑에 돈 들었잖아. 사줘."

"안 된다니까 얘가 왜 이래."

"사줘 엄마. 나 저거 갖고 싶단 말야."

"안 된대도."

아무리 졸라도 엄마가 끄떡도 하지 않자 세별이는 서러운 듯 울음을 터뜨린다.

"으앙~ 싫어! 나 저거 가질 거야!"

"어휴, 얘가 왜 이래. 창피하게. 얼른 뚝 그치지 못해?"

"으앙! 나 저거 사줘!"

"으이구, 내가 너 땜에 정말 못살겠다. 이번 딱 한 번만이야. 알았어?"

세별이는 엄마를 계속 테스트했다. 어떻게 하면 엄마가 게임기를 사줄까 생각하던 세별이는 첫 번째로 떼를 쓰고 별 효과가 없자 다음에는 강도를 높여 울음을 터뜨렸다. 사람이 많은 곳에서 울면 엄마가 쩔쩔매며 할 수 없이 게임기를 사주지 않을까 하며 엄마의 인내심을 시험했고 아이의 예상은 적중했다. 이 경험으로 세별이는 갖고 싶은 것이 있으면 떼를 쓰고 조르다가 울면 된다는 것을 배웠고 다음에도 사고 싶은 것이 있으면 이 과정을 반복할 것이다.

아이의 시험에 넘어가지 않으려면 우선 백화점으로 쇼핑을 하러 가기 전에 미리 아이에게 쇼핑을 가는 이유, 백화점에서 해서는 안 되는 행동을 알려준다.

"세별아, 오늘은 엄마랑 백화점에 같이 갈 거야. 지현이 이모가 아기를 낳아서 아기 선물을 사러 가는 거야. 그러니 장난감을 사달라고 조르면 안 돼. 만약 장난감을 사달라고 조르면 엄마는 당장 쇼핑을 멈추고 집으로 돌아올 거야. 알겠지?"

아이가 부모를 시험하려 할 때는 아이에게 휘둘리지 말고 단호한 모습을 보여야 한다.

"엄마, 나 저 게임기 사줘."

"세별아, 오늘은 아기 선물을 사러 왔기 때문에 엄만 다른 물건은 사지 않을 거야."

"엄마 돈 많잖아. 여기 지갑에 돈 들었잖아. 사줘."

"세별이가 정말로 저 게임기가 많이 갖고 싶은가 보구나. 하지만 오늘은 게임기를 사러 온 게 아니라서 안 돼."

"으앙! 싫어. 나 저거 가질 거야!"

"우리 세별이가 저 게임기를 무척 갖고 싶어한다는 걸 엄마도 알아. 가지고 싶은데 그럴 수 없으니까 화가 나고 말야. 화가 나고 속상하니까 울고 싶은 마음이 드는 건 당연해. 울고 싶으면 울어. 세별이가 울음을 그칠 때까지 엄마는 이 옆에 서 있을게."

아이가 울음을 금방 그치면 "이제 기분이 좀 괜찮아졌니? 쇼핑 계속 할까?" 하고 아이의 기분을 풀어주고 만약 아이의 울음소리가 점점 커지며 문제행동이 계속 되면 미리 경고한 대로 그 즉시 아이를 데리고 백화점을 나와 집으로 간다.

생떼를 부리는 아이의 마음은 바로 '원하는 걸 얻을 때까지 난 계속 떼를 쓸 거야!'이다. 따라서 반대로 아무리 떼를 써도 엄마(혹은 아빠)는 절대로 마음을 바꾸지 않는다는 것을 깨달아야 아이의 버릇을 고칠 수 있다.

아이는 엄마가 처음에 이야기할 때만 해도 '에이, 설마. 엄마가 날 겁주려고 괜히 말로만 그러는 걸 거야. 내가 사달라고 떼쓰고 울면 어차피 사주실 걸'이라고 생각했지만 엄마가 행동으로 옮겨 쇼핑을 하다가 중간에 집으로 돌아가는 것을 본 뒤에는 '이런 방법은 엄마에게 통하지 않는 구나'라고 생각하게 된다.

투정을 못 견디고 야단을 치거나 제발 그러지 말라고 호소를 하면 아이는 그런 '관심'을 받으며 엄마가 곧 마음을 바꾸고 내가 원하는 것을 들어줄지 모른다는 희망에 계속 떼를 쓰게 된다. 투정이 심해지더라도 화내거나 야단치지 말고 다만 아이의 감정을 인정해줌으로써 엄마가 이해한다는 것을 알려주어 상황을 주도하는 것은 아이가 아니라 부모임을 확고히 하자. 무조건 아이의 요구를 무시하기보다는 감정을 공감해주는 것만으로도 아이는 마음이 많이 누그러진다. 아이의 투정에 부모가 포기하고 다만 순간의 민망함을 모면하려 원하는 대로 해주면, 아이가 부모를 조정하도록 권한을 주는 것과 같다. 아무리 떼를 써도 부모의 마음을 바꿀 수 없다는 것을 알려주어 아이가 스스로 포기하도록 한다.

간단명료하지만 단호한 지시

"현준아, 엄마 소원이다. 제발 동생 좀 때리지 마. 응?" "세민아, 엄만 네가 자기 전에 양치질을 했으면 좋겠는데 그래 줄 수 있지?"와 같이 아이에게 호소('엄마 소원' '제발')하거나 부탁('~했으면 좋겠는데 그래줄 수 있지?') 하는 말은 아이가 올바른 행동을 하면 좋겠지만 반드시 해야 하는 건 아니라고 말하는 것과 같다.

이러한 어법은 결정권을 아이에게 주어 부모가 아이의 결정을 따르게 한다. 따라서 호소와 부탁이 아닌 간단명료하지만 단호하게 지시를 내려 ("누구라도 때리는 건 안 돼. 화가 나서 때리고 싶으면 대신 이 베개를 때려" "세민아, 양치질!") 부모가 아이의 윗사람임을 분명히 해둘 필요가 있다.

기질이 강한 아이는 떼를 쓰고 징징대거나 물건을 던지고 다른 사람을 때리는 등 과격한 행동으로 관심을 받으려 한다. 따라서 아이가 행동이 아닌 말로 의사표현을 하도록 이끌어 주자.

"한빈아, 네가 그렇게 발을 구르고 소릴 지르면 엄만 무슨 말인지 알아들을 수가 없어. 얌전하게 또박또박한 말투로 얘기하면 엄마가 네 이야길 귀담아듣겠지만 지금처럼 이런 행동을 계속 하면 그럴 수가 없어. 엄마가 한빈이 말을 잘 알아들을 수 있게 작은 목소리로 또박또박 말해 봐."

"준아, 네가 그렇게 욕을 하면 아빠는 화가 나. 욕하지 말고 다시 말하면 아빠가 네 얘길 들어줄게."

소극적인 아이

"얘는 수줍음이 많아서 걱정이에요. 어찌나 부끄러움을 타는지 낯선 사람을 보면 말도 잘 못하거든요."

상담을 하러 온 부모들이 아이 앞에서 이런 말을 하면 나는 이렇게 조언한다.

"낯선 사람에게 말을 거는 건 누구에게나 어려울 수 있어요. 저도 그런걸요. 제가 보기에는 아이가 수줍어할 때도 있지만 그렇지 않고 말을 잘할 때도 분명 있을 거라고 생각되는데요."

대부분의 부모들은 아이가 적극적이고 활동적이길 바란다. 리더십이 있고 친구들도 많으며 발표를 잘하고 모든 일에 앞장서는 진취적인 아이를 둔 부모는 자랑스러워하고 흐뭇해한다. 반면 소극적이고 조용해서 앞에 잘 나서지 않는 아이를 보면 걱정을 하는 부모들이 많다.

사람은 누구나 선천적으로 타고나는 기질이 있다. 적극적이고 활발한 아이가 있는가 하면 차분하고 조용한 아이도 있다. 항상 적극적이고 주변에 친구들이 많다고 해서 반드시 인간관계를 잘 유지하는 것은 아니다. 우리 주변에도 온갖 모임이란 모임에는 다 참석하며 아는 사람이 많아 이른바 마당발인 사람들 중 정작 진정한 인간관계를 주고받는 방법을 모르는 이들을 어렵지 않게 볼 수 있지 않은가.

조용하고 말없는 소극적인 아이들은 대체로 순하고 차분하여 말을 잘 듣고 무모한 행동을 하지 않기 때문에 말썽을 부리지 않고 착하다. 대개 수줍음을 많이 타고 말이 없으며 소극적인 모습을 보이나 상황에 따라 올바른 행동을 할 줄 알고 예의가 바르다. 많은 사람들 틈에서는 눈에 잘 띄지 않지만 인원수가 적은 소그룹에서는 적응을 잘 하고 몇몇 친구들과 좋은 교우관계를 형성하며 사춘기도 다른 아이들에 비해 무난하게 잘 지나간다.

소극적이긴 해도 평소에 정기적으로 같이 어울리는 친구가 있다면 아이의 성격이 문제될 것은 없다. 타고난 기질을 바꾸려고 "넌 왜 그렇게 애가 소극적이니?"라고 하는 것은 아이의 타고난 외모를 못마땅해하며 "넌 왜 그렇게 눈이 작니?"라고 하는 것이나 마찬가지다.

　　아이의 기질을 단점으로 보지 말고 있는 그대로 인정해주자. 타고난 기질을 바꿀 수는 없지만 아이가 조금 더 편안하게 느끼고 안정감을 가질 수 있도록 부모가 도와줄 수는 있다.

　　리더십이 있어 적극적인 성격으로 수많은 친구들을 몰고 다니며 인기 만발이었던 언니와 달리 나는 소극적이어서 사람들 앞에 나서는 것을 싫어했다. 학교에서도 아주 친한 친구 몇 명과만 어울리는 그다지 눈에 띄지 않는 조용한 아이였다. 하지만 어머니 아버지는 한 번도 나를 언니와 비교하며 걱정하지 않으셨고 있는 그대로의 내 성격을 인정해주셨다. 활달한 언니는 집에 돌아오면 현관에 신발을 벗고 들어서는 순간부터 부모님께 학교에서 있었던 일을 재잘거리며 늘어놓았지만 나는 누군가 말을 걸기 전에는 항상 입을 다물고 있는 아이였다.

　　입을 잘 열지 않는 소극적인 성격의 나와 대화를 하기 위해 어머니가 쓰신 방법은 바로 함께 시장에 가는 것이었다. 어머니는 재래시장에 갈 때면 꼭 나를 데려가셨고 나는 시장까지 걸어가는 20여 분 동안 어머니와 많은 대화를 나누었다. 어머니 옆에서 길을 걸으며 나는 어느샌가 학교에서 있었던 일을 하나씩 늘어놓기 시작했다.

　　콩나물국을 끓이는 날이면 저녁식사 준비를 하시던 어머

니는 날 부르시며 "진아야~ 이리 나와 봐. 엄마랑 같이 콩나물 다듬자~"라고 하셨고, 나는 어머니와 마주앉아 신문지 위에 수북이 쌓인 콩나물을 함께 다듬으며 도란도란 이야기를 나누곤 했다. 어머니는 "그래서 그 일은 어떻게 됐어?" 하며 넌지시 한마디씩 던지셨고 자연스럽게 대화를 이끌어내셨다.

대화의 문을 여는 열쇠

소극적인 아이는 생각을 겉으로 잘 드러내지 않고 혼자 마음에 담아두기가 쉽다. 그렇기 때문에 아이를 앞에 앉혀놓고 "오늘 학교에서 어떤 일이 있었는지 엄마한테 얘기해 봐"라고 직접적으로 물으면 아이는 자신에게 시선이 집중되는 것을 부담스러워 하고 때로 엄마에게 혼이 난다는 느낌에 움츠러들어 말이 쉽사리 나오지 않는다. 따라서 불안감을 줄 수 있는 직접적인 대면보다는 자연스럽게 말을 끌어내어 아이가 스스로 방어벽을 허물 수 있도록 하는 것이 대화의 문을 여는 열쇠가 된다.

예를 들어 일요일 아침마다 같이 자전거를 타거나 아빠와 함께 보드게임을 하는 등 부모가 아이와 함께 할 수 있는 활동을 정하여 정기적으로 시간을 보내는 것이 대화를 이끌어내는 데 좋은 기회가 된다.

소극적인 면만 강조하여 억지로 변화를 강요하지 말자.

아이만이 가지고 있는 장점과 재능을 북돋워 자신감을 가지도록 도와주는 것이 바람직하다. 소극적인 성격을 가진 아이를 부모가 '문제'로 받아들이고 걱정 어린 말을 반복하게 되면 아이는 그런 부모의 말을 그대로 받아들여 자기 자신에게 '문제'가 있는 것으로 여기게 된다.

"넌 왜 다른 애들처럼 적극적이지 못하니?" "넌 친구들이랑 어울릴 줄도 모르고 정말 걱정이다" "바보같이 가만히 있지 말고 너도 가서 다른 애들한테 말 좀 걸어 봐" 등과 같이 소극적인 성격을 나무라고 바꾸려 하며 자꾸 부각시키면 아이는 '난 문제가 있는 아이인가 봐' 하고 스스로 자책하며 점점 자신감을 잃는다.

부모가 아이를 재촉하고 등을 떠밀듯 밀어넣는 것은 도리어 위축감만 줄 뿐이다. 아이의 기질을 있는 그대로 인정해주고 이해해주며 수줍음을 느끼는 것이 비정상적인 '문제'가 아니라 누구에게나 얼마든지 있을 수 있는 자연스러운 일이라는 것을 말해주어 아이가 편안하게 느끼도록 하자.

이 때 "~해라" 하며 직접적으로 제안하는 것보다 부모 자신의 경험에 빗대어 은근슬쩍 방법을 알려주는 것이 효과적이다.

"처음 만난 사람에게 말을 거는 건 용기를 필요로 한단다. 친구 사귀는 걸 어렵게 느끼는 아이들은 너 말고도 많아. 엄마도 어렸을 때 친구들과 같이 놀고 싶은데 말을 꺼내는 게 쉽지 않았어. 그런데 그럴 때면 숨을 크게 들이쉬고 용기를 내어 다가가서 말을 걸어봤는데 생각만큼 어렵지 않더라. 그럴 때 힘을 낼 수 있는 주문을 우리 같이 만들어보자. 어떤 주문을 외우면 용기가 나서 좀 더 쉽게 말을 걸 수 있을까?"

말을 시켜도
입을 잘 열지 않는
아이

"오늘 학교 어땠니?"

"그저 그랬어요."

"시험 잘 봤어?"

"아니오."

무슨 말을 하든지 단답형으로 끝나는 아이의 말. 많은 부모들은 아이와 대화하려고 시도해도 아이가 짧게 대답만 하고 말문을 닫아버리는 탓에 5분 이상 대화를 이어나가기가 어렵다고 한다.

상담을 하면서 만나는 아이들 가운데 말을 시켜도 입을 잘 열지 않는 아이들과의 상담은 더욱 어려운 게 사실이다. 여자 선생님과 이야기하는 것이 쑥스러워 눈도 제대로 못 마주치며 말이 적어지는 남자 아이들도 있고, 자신이 무언가 잘못하여 야단을 맞으러 왔다는 생각에 불안해하며 고개를 푹 숙이고 있는 아이들도 있다. 또한 예민한 청소년기의 아이들은 반항심에 입을 굳게 다물거나 심지어는 아예 등을 돌리고 앉기도 한다.

열한 살 윌리는 부모가 이혼한 뒤 심한 우울증으로 일주일 동안 침대에서 일어나지 않았다. 침대에 누운 채 꼼짝도 하지 않아 학교에도 가지 못했고, 급기야는 교장선생님과 경찰까지 집으로 찾아와 아이를 일으켜보려 했지만 아이는 기력이 없는 듯 금세 다시 침대 위에 쓰러져 움직이지를 않았다. 다행히 치료를 받기 시작하면서 증세가 많이 좋아져 학교에 나가기 시작했는데, 침대에서 움직이지도 않고 누워 있던 때에 비하면 매주 클리닉까지 오는 것이 기적에 가까울 정도였다.

윌리는 과묵한 성격으로 대화를 하기 어려운 아이였다. 상담실에 들어서면 내 얼굴은 쳐다보지도 않고 재킷 양쪽 주머니에 손을 하나씩 집어넣은 채 말없이 의자에 앉아 바닥만 내려다보곤 했다.

"윌리, 어떻게 지냈니?"

"그냥 잘……."

"오늘 학교는 어땠어?"

"좋았어요."

"그럼 오늘 학교에서 있었던 일 중 좋았던 일 한 가지만 말해볼까?"

"……역사 수업이 취소되는 바람에 한 시간 쉴 수 있었어요."

"그랬구나. 대신 뭘 하며 시간을 보냈니?"

"아빠한테 전화했어요. 오늘 저녁에 만나기로 했거든요."

"오늘 저녁에? 그렇구나. 아빠를 오랜만에 보는 기분이 어떤지 말해 보렴."

"……신경 안 써요."

"신경을 안 쓰다니 글쎄…… 난 그 말 믿기가 좀 힘든데. 선생님이 볼 때 윌리가 충분히 신경 쓰는 일인데 아직 그런 얘길 할 만큼 마음이 편하지가 않은 것 같아. 윌리가 마음이 좀 더 편해져서 이런 얘기도 스스럼없이 할 수 있는 때가 왔으면 좋겠어."

잠시 침묵이 흘렀지만 곧 윌리는 바닥을 내려다보던 눈길을 들더니 날 쳐다보며 입을 열었다.

"아빠 보면 화가 날 것 같아요."

그리고 그 날 윌리는 조심스레 마음을 열어 보였다.

닫힌 질문 대신 열린 질문을

말을 시켜도 입을 잘 열지 않는 아이들과 대화를 할 때는 단답형 대답만을 요구하는 '닫힌 질문'을 피하고 대신 서술형 답이 나올 수 있는 '열린 질문'을 하는 것이 더 효과적이다. "시험 잘 봤니?"와 같이 닫힌 질문은 질문을 받은 사람이 "예" 혹은 "아니오"만으로 대답하게 하여 대화를 단절시키기 때문이다.

"오늘 학교 어땠니?" 대신에 "오늘 우리 단비가 학교에서 어떤 일이 있었는지 엄마가 궁금한 걸. 어디 한번 들어보자"라고 하고, "시험 잘 봤어?" 대신에 "오늘 시험 본 얘기 좀 해봐. 가만 있자, 오늘 무슨 시험을 본다고 했더라" 하며 'Tell me∼ (말해줘)' 형식으로 질문을 바꾸는 것이다. 이러한 질문 방식은 아이로 하여금 단답형 대답에서 벗어나 서술형으로 대답을 하도록 유도한다.

닫힌 질문("시험 잘 봤어?")은 질문을 받은 사람이 방어적이 되고 상대방으로부터 질책을 받는 듯한 느낌을 받지만, 열린 질문("오늘 시험 본 얘기 좀 해봐")은 상대방을 존중한다는 느낌을 주어 질문을 받은 사람이 스스로 생각하여 자유롭게 의사표현을 할 수 있도록 도와준다.

말을 시켜도 입을 잘 열지 않는 아이는 말을 했을 때 부모에게 혼이 날까 봐, 부모가 걱정할까 봐, 혹은 말하기 창피한 이야기라서 주저하는 경우가 많다. 혹은 큰 아이일 경우에는 동생들을 돌보느라 바쁜 엄마에게 또 다른 짐이 되기 싫어서 혼자서 해결하려고 스스로 삭히는 경우도 있다.

이런 아이들에게 "너는 도대체 왜 말을 안 하니? 답답해 죽겠다. 말 좀 해라, 제발" 하며 다그치면 아이는 더 주눅이 들어 입을 닫게 된다.

가장 중요한 것은 아이를 다그치거나 재촉하지 않는 것. 대신 아이가 마음의 준비를 하여 말을 꺼낼 수 있도록 용기를 주는 것이 좋다.

"우리 단비는 별로 말하고 싶지 않을 때가 있나 보구나. 엄마가 보아 하니까 지금은 별로 얘기하고 싶지 않은 것 같다." 이러한 말은 아이가 '원래부터' 말을 안 하는 아이가 아니라 말을 잘할 때도 있지만 단지 '지금은' 안 할 뿐이라는 메시지를 전달함으로써 아이에게 가능성을 열어주어 마음을 편안하게 해준다.

아이가 의사표현을 하는 힘은 누구의 강제적인 압력에 의해서가 아니라 스스로에게 있다는 것을 알려주는 것이 좋다.

"괜찮아. 엄마도 어떤 땐 말하고 싶지 않을 때가 있거든. 말하고 싶지 않을 땐 안 해도 괜찮아. 하지만 말하고 싶은 마음이 들면 엄마한테 와서 얘기해. 엄만 우리 단비 말이라면 언제든지 들을 준비가 되어 있으니까."

남자아이라면 "엄마보다는 아빠한테 말하는 게 더 편하게 느껴질 이야기니?"라고 물어보는 것도 아이가 편안한 마음을 가지는 데 도움을 줄 수 있다.

유치원이나 학교에서 소극적인 기질 때문에 아이가 친구

를 쉽게 사귀지 못해 어려움을 겪는다면 용기를 가지도록 지도해준다.

"다른 사람들에게 먼저 다가가서 말을 거는 건 항상 쉬운 일은 아니야. 하지만 연습하기 시작하면 그렇게 어려운 일이 아니라는 걸 알게 될 거야."

"친해지고 싶은데 아직 말을 건네지 못한 친구가 있니?"라고 물어서 그 친구의 이름을 알아낸 뒤 엄마와 아이가 함께 연습을 해보는 것도 좋다.

"엄마가 그 친구라고 한번 생각해보자. 단비 생각에 제일 먼저 어떻게 얘길 꺼내면 좋을 것 같니?"

아이가 스스로 생각해낸 방법으로 엄마와 연습을 해서 용기를 가질 수 있도록 격려해주고, 아이가 무슨 말을 어떻게 꺼내야 할지 모를 때는 적절하게 지도해주는 것이 좋다.

"단비야, 엄마가 너만 할 때 엄만 이렇게 해서 친구들한테 말을 걸었어. '안녕? 내 이름은 00라고 해. 우리 친하게 지내자. 너는 어떤 놀이하는 걸 좋아하니?' 이렇게 말을 걸면 돼. 엄마랑 한번 연습해보자."

에필로그

엄마의 말에는
힘이 있다

내가 오늘 하는 말과 행동이 내 아이의 내일을 좌우한다면 과언일까? 아이와 함께 성장하는 안내자 부모들의 현명한 말 습관을 소개하며 이 글을 마치려 한다.

첫째, 아이의 행동과 생각이 먼저다. 부모는 그 뒤를 따라가자

"우아, 이 기차 좀 봐. 자, 잘 봐. 이제부터 기차가 동굴에 들어갈 거야. 칙칙폭폭 우웅~"

"엄마 생각에는 말이야. 나무부터 색칠하는 게 좋을 것 같아. 나무는 무슨 색이지? 초록색 크레용 어디 있어? 초록색 찾아봐."

"블록으로 우리 집을 한번 만들어보자. 맨 먼저 벽부터 쌓아볼까?"

놀이를 시작하기만 하면 유난히 열정을 보이는 부모들이 있다. 이런 유형의 부모들은 자기가 시키는 대로 아이가 놀길 기대하면서 부모가 원하는 특정 행동을 요구하기도 한다. 정작 아이가 어떤 말을 하는 지에는 관심을 가지지 않기 때문에 아이의 생각이 무엇인지 놓치기 쉽다.

일상생활은 물론 놀이마저 부모 마음대로 조종하게 되는 것이므로 아이를 수동적 인간형으로 만들게 된다. 어른의 시각으로 대화하고 놀이를 진행시키다보니 아이의 상상력과 창의성도 줄어들 수밖에 없다.

중요한 것은 "엄마 생각에는 말이야~" 하며 부모 생각을 내세우는 것이 아니라 아이의 생각과 말을 잘 듣고 받아들이며 "네 생각은 그렇구나"라고 반응하고 마음을 읽어주는 것이다.

이제 부모의 잘못된 말을 아이의 마음을 읽어주는 말로 고쳐보자.

사례 1)
아이: "(기차를 집어 들며) 칙칙폭폭"
부모: "기차가 움직일 때 그렇게 칙칙폭폭 하고 소리를

내는구나."

사례 2)
아이: (보라색 크레용을 집어 들어 나무를 칠하기 시작한다.)
부모: "이 나무는 예쁜 보라색 나무구나."

사례 3)
아이: (블록을 하나씩 쌓고 있다.)
부모: "이 블록을 모두 쌓으면 뭐가 만들어질까?"
아이: "우리 집이요."
부모: "아~ 그렇구나. 그럼 지금 이건 집의 어떤 부분일지 궁금한데?"

사례 속 대화에서 보듯 부모가 먼저 대화를 청하는 것이 아니라 아이가 던진 말이나 하는 행동을 보고 꼬리를 잇듯 대화를 이어나가는 것이 중요하다.

마치 아이가 한 발을 떼어 내려놓으면 부모는 바로 옆에서 아이가 내디딘 보폭만큼 발걸음을 맞춰 나란히 걷는 방식이다. 대화내용뿐만이 아니라 목소리도 아이에게 맞추어 자극의 양을 조절한다. 아이가 작은 목소리로 말하면 같이 작게 말하고 천천히 이야기하면 같이 천천히 말하는 등 비슷한 목소리 톤과 크기, 속도를 사용하는 것이 좋다.

　이때 아이가 한 말보다는 조금 긴 어휘를 사용하여 확대하는 것이 언어발달에 효과적이다.

　또한 즉각적으로 반응하기보다는 상황에 대해서 아이의 의견을 물어보는 것도 좋다.

둘째, '선생님'이 아니라 '파트너'다

"선 바깥으로 색칠한 게 빠져나왔잖아. 깨끗이 그려야지."
"이게 뭐야? 수박이야?"
"자동차는 그렇게 뒤집히면 안 돼. 그럼 안에 탄 사람 다 죽어. 뒤집지 말고 똑바로 잘 가게 해 봐."
"다시 하려고? 괜찮아. 그럼 다시 해 봐."

　대화를 하거나 아이와 놀 때 끊임없이 아이를 가르치려는 '선생님' 같은 부모들이 적지 않다. 그러나 어떤 상황에서든 반복하여 아이를 지적하거나 고치려드는 것은 아이의 말문을 닫게 해버리는 것이나 다름없다. 입장을 바꾸어 상대방이 자꾸 내 말을 가로막는다고 생각해보라.

"그게 뭐야. 그건 네가 잘못 말하는 거야."
"그렇게 말하면 안 되지. 그럼 안 된다니까. 자, 다시 제대로 말해 봐."

"그 얘기 말고 다른 얘기를 해 봐."

말하려고 할 때마다 상대방이 제지한다면 과연 말하고 싶은 마음이 들까. 아마도 정작 하려고 했던 이야기는 꺼내지도 못한 채 상대방의 눈치만 보게 될 것이다.

상대방이 내 말에 귀를 기울이며 잘 들어준다면 어떨까.

"그러니까 네가 한 그 말은 이런 뜻이구나."

"와~ 그거 참 맞는 말이네."

"그런 말을 하는 걸 보니 네 맘을 알 것 같다."

이렇게 내 말을 경청하고 있다는 것을 보여주며 수긍해준다면 마음 편하게 더 많은 이야기를 풀어낼 것이다.

아이가 편안한 마음으로 마음껏 자기표현을 할 수 있도록 도우려면 부모가 바람직하다고 생각하는 것들을 강요하거나 지적하고 가르치려 들지 말아야 한다.

모든 것이 교육적이어야 하는 것은 아니다. 대신 "~구나"로 문장을 끝맺어 아이의 마음을 읽어주거나 행동을 보이는 그대로 묘사해보자.

사례 1)

과일 장난감을 엄마에게 가지고 와서 내보이는 아이에게

"이게 무슨 과일이야? 수박이야?" (X)

"과일을 접시에 예쁘게 담아서 가져왔구나."(O)

사례 2)
자동차를 뒤집어서 부릉부릉 소리를 내는 아이에게
"자동차는 그렇게 뒤집으면 갈 수가 없잖아. 똑바로 세워야지."(X)
"자동차가 뒤집혔구나."(O)

사례 3)
똑같은 놀이를 자꾸 하려는 아이에게
"방금 한 놀이를 왜 또 하려고 해? 이건 이제 그만 하고 다른 놀이 하자."(X)
"재밌어서 또 하고 싶은 거구나."(O)

사례 4)
하던 놀이를 멈추고 다시 하려는 아이에게
"왜 하다가 말아? 괜찮아. 그냥 하던대로 하면 돼."(X)
"마음에 안 들어서 다시 하려는 거구나."(O)

부모의 생각 위주로 지적하고 가르치려고 드는 것은 아이의 표현을 막아 수동적으로 만들지만, 아이의 표현을 지지해주고 생각을 존중하고 수용하는 것은 아이가 더 많은 표현을 하도록 도와주어 능동적이고 적극적인 태도를 이끌어낸다.

아이의 놀이를 지켜볼 때 궁금한 것이 있다면 직접적인 질문보다는 간접적인 질문을 해보자.

"이건 뭐야? 집이야?"(X)
"이건 뭘까?"(O)

"이 아이는 왜 집에 안 들어가고 밖에 있어?"(X)
"다른 가족은 다 집에 들어가 있는데 이 아이는 혼자 밖에 서 있네. 어떤 생각을 하고 있는 걸까?"(O)

"불쌍하게 인형을 왜 때려?"(X)
"무엇 때문에 화가 나서 인형을 때렸던 걸까?"(O)

"이건 왜 그래?" "이건 뭐야?"와 같은 직접적인 질문은 아이에게 대답을 강요해서 부담감을 주지만, "이건 뭘까" "무엇 때문일까"와 같이 "~까"로 끝나는 간접적인 질문은 질문하는 사람의 혼잣말처럼 들리므로 아이가 대답을 해도 되고 안 해도 된다는 편안함을 준다.

또한 "왜why?"로 시작하는 질문에 아이들은 야단을 맞는다는 느낌을 받아 대답을 피하거나 왜 그렇게 했는지 모르기 때문에 "몰라요"라고 말하거나 침묵하기도 한다.

이때는 "어떻게how" 혹은 "무엇 때문에what"로 묻는 것이 좋다. 아이가 생각하도록 도와 대답을 이끌어내는데 효과적이기 때문이다.

셋째, "하지 마"라는 말 대신 언제, 어떤 상황에서 허락되는지 설명하자

아이들은 하고 싶은 것이 참 많다. 그러나 장소와 시간에 따라 어떤 놀이와 행동이 되고 안 되는지를 구별하는 능력이 부족하다.

아이 입장에서는 다만 하고 싶은 것을 할 뿐인데 그때마다 부모는 하지 말라고 하면 이해되지 않고 화만 나게 된다. 무조건 '하지 마'라는 얘기만 들은 아이는 짜증을 내거나 물건을 던지는 등의 행동을 통해 불만을 표시하고, 그런 행동에 화가 난 부모는 아이를 몰아세우게 돼 결국 아이의 자존감만 떨어지게 된다.

자존감을 키워주고 아이가 원하는 놀이를 허용하려면 '하지 마'와 같은 부정문으로만 말하는 것이 아니라, 어떤 때와 장소에 그 행동을 해도 좋은지 긍정문을 덧붙여 허용범위를 알려주어야 한다.

"벽에 낙서하지 말랬지!" (X)
"그림은 벽에 그리면 안 되고 종이에 그려야 돼. 책상 위에 있는 스케치북 가지고 오자." (O)

"집 안에서는 공 차면 안 된다고 했잖아! 당장 그만 해!" (X)
"공 차고 싶으면 밖에 나가서 하자." (O)

"장난감 칼이라도 그렇게 동생 찌르면 위험하잖아. 한 번만 더 그러면 그때는 진짜 뺏는다." (X)
"장난감 칼이라도 사람은 찌르면 절대 안 돼. 하지만 쿠션을 찌르는 건 괜찮아." (O)

"안 돼" "하지 마"와 같은 부정문은 듣는 사람이 지금 하고 있는 행동 이외에 다른 어떤 행동을 해야 하는지 알 수 없어 멈칫하거나 문제행동을 계속하려는 심리를 유발한다. 그러나 부정문에서 그치는 것이 아니라 긍정적 대안을 덧붙여 제시하면("~는 안 돼. 하지만 ~는 괜찮아") 같은 행동이라도 적합한 때와 장소에서는 얼마든지 허용된다는 것을 알게 되어 부모의 말을 따르려는 마음을 가지게 된다.

넷째, 아이와 노는 동안에는 아이에게 100% 집중하자

바쁜 친구를 오랜만에 만났다고 가정해보자. 친구에게 하고 싶은 말이 산더미라 이야기를 시작했는데 정작 그 친구는 듣는 둥 마는 둥하면서 다른 생각을 하는 눈치다. 마음은 다른 데 가 있고 몸만 내 옆에 있는 친구에게 이야기하고 싶은 마음이 생길까.

아이와 놀아주기 위해 모처럼 같이 앉았는데 마음은 집안일이나 직장 일 등 다른 생각을 하는 것은 금물이다. 아이들은 부모가 자신에게 집중하지 않는다는 것을 금방 눈치챈다. 그리고 부모의 관심을 받지 못한다는 것에 실망한다.

중요한 것은 '얼마나 오랜 시간을 놀아주느냐'가 아니라 '얼마나 집중해서 함께 노느냐'다. 아이와 함께 노는 시간에는 가능하면 전화를 받거나 다른 생각은 하지 말고 아이의 말과 행동에만 귀를 기울이고 눈을 마주치며 시간을 보내자. 아이에게 집중하여 모든 관심을 쏟아부으면 아이가 어떤 생각을 가지고 있는지, 어떤 시각으로 세상을 바라보는지, 어떤 것에 관심이 있는지 등을 알게 되어 더욱 효과적인 대화를 할 수 있다.

다섯째, 놀이는 공부만큼 중요하며 절대로 '시간낭비'가 아니다

"한 살이라도 어릴 때 조금이라도 더 가르쳐야죠. 요즘 애들이 한가하게 놀고 있을 시간이 어디 있어요?"

조기교육을 강조하며 아이들의 놀이를 시간 낭비라고 생각하는 부모들을 심심치 않게 만나곤 한다. 하지만 이는 위험한 생각이다.

아이들은 놀이를 통해 평생 지닐 기술을 습득하고 배운다. 퍼즐놀이를 하며 모양과 크기를 구분할 줄 알게 되고, 공 던지기를 하며 손 근육을 발달시킬 수 있다. 뿐만 아니라 엄마 아빠 놀이나 병원놀이는 여러 가지 역할을 경험하면서 사회성을 깨우치고, 보드게임을 하며 자기 순서를 기다리는 동안 인내심을 배우게 된다.

이외에도 재미있는 동화책을 읽거나 노래를 들으며 언어를 습득하는 등 놀이는 아이가 살아가면서 꼭 필요한 여러 기술을 배울 기회가 된다. 또한 놀이를 통해 아이들은 자기 자신을 표현하는 것은 물론 실망과 좌절에 대처하고 감정을 조절하는 법을 배우며 스트레스를 해소한다.

놀이는 두뇌와 신체를 동시에 자극시켜 주어 아이들의 일상생활에 반드시 필요한 경험이다. 놀이는 시간 낭비라는 잘못된 생각부터 버려라.

여섯째, 함께 놀아주는 것은 아이-부모 관계를 결정짓는 중요한 초석이다

어떤 이유로 상담받게 되었든 클리닉에서 만나는 모든 부모들에게 나는 짧은 시간이라도 매일 정해진 시간에 아이와 놀아줄 것을 당부한다. 부모와 자녀 간의 건강한 애착관계를 형성하는 데 놀이만큼 좋은 것은 없으며, 어릴 때부터 함께 놀이하며 부모와 끈끈한 관계가 형성된 아이는 그렇지 않은 아이보다 정서적으로 더 건강한 것은 물론 문제행동도 적으며 학교성적도 우수하다.

아이가 커갈수록 놀이시간도 점점 줄어들지만, 그렇다고 미리 걱정할 필요는 없다. 다만 어렸을 때부터 아이와 정기적인 놀이나 액티비티를 함께하면서 부모와 대화하는 시간을 발전시키는 것이 중요하다.

아이들은 십대가 되면 행동발달상 친구들과 보내는 시간이 늘어나고 대신 부모와 보내는 시간은 줄어드는데, 어렸을 때부터 부모와 함께 대화하며 노는 것이 습관화된 아이들은 자라면서도 부모와의 관계가 좋다. 이와 같이 놀이는 아이가 정서적으로 건강한 성인으로 자라기 위해 꼭 필요한, 아이의 미래에 대한 '투자'이다.

놀이라고 해서 반드시 장난감을 가지고 놀거나 게임을 해야 하는 것은 아니다. 아이와 함께 산책하고, 텃밭이나 정원을 가꾸거나, 요리를 하며 같이 식사를 준비하고, 함께 노래를 부르거나 춤을 추고, 혹은 헌 가구를 같이 리폼할 수도 있다. 마주 앉아 대화만 하는 것보다는 액티비티가 무엇이든 함께하는 과정을 통해 아이는 방어기제를 허물어 더욱 편안한 대화를 하게 된다.

아이에게 귀를 기울이며 마음을 읽어주는 그 시간만큼은 100% 집중하며 원 없이 놀아보자. 아이와 놀 수 있는 지금 이 시간이 머지않아 곧 그리워질 테니 말이다.

**해결사 엄마는
사양할게요**

초판 1쇄 발행 2018년 9월 17일

지은이 상진아
펴낸곳 주식회사 시그니처
출판등록 제2016-000180호
주소 서울시 마포구 큰우물로 75 1308호(도화동, 성지빌딩)
전화 (02)701-1700
팩스 (02)701-9080
전자우편 signature2016@naver.com

ISBN 979-11-891830-2-8 (03370)

ⓒ 상진아, 2018

값 15,000원

- 이 책은 저작권법에 따라 보호를 받는 저작물입니다. 무단 전재와 복제를 금합니다.
- 이 책 내용의 전부 또는 일부를 사용하려면 반드시 저작권자와 주식회사 시그니처의 동의를 받아야 합니다.
- 잘못된 책은 구입하신 서점에서 교환해드립니다.
- 주식회사 시그니처의 문을 두드려주세요. 그 어떤 생각이라도 환영합니다.